JOAN BRADY es la celebrada autora de *Dios vuelve en una Harley* y otras novelas, que han sido traducidas a numerosos idiomas y aclamadas por millones de lectores por su mensaje de fe, esperanza y autoafirmación.

Todas ellas han sido publicadas en los diferentes sellos de Ediciones B:

Dios vuelve en una Harley
Dios en una Harley: el regreso
Te amo, no me llames
En llamas
Hasta el cielo
El regreso
Cuando tú estás aquí
La balada de los elefantes
Los amantes de Gibraltar
Un ángel en una Harley

Dios vuelve en una Harley

JOAN BRADY

Traducción de Rosa Arruti

Dios vuelve en una Harley

Título original: *God on a Harley*

Primera edición en este formato en España: noviembre, 2018
Primera edición en México: marzo, 2019
Primera reimpresión: julio, 2019
Segunda reimpresión: febrero, 2020

D. R. © 1995, Joan Brady
Publicado por acuerdo con el editor original, Pocket Books, Nueva York.

D. R. © 1995, 2005, Penguin Random House Grupo Editorial, S. A. U.
Travessera de Gràcia, 47-49, 08021, Barcelona

D. R. © 2020, derechos de edición mundiales en lengua castellana:
Penguin Random House Grupo Editorial, S. A. de C. V.
Blvd. Miguel de Cervantes Saavedra núm. 301, 1er piso,
colonia Granada, alcaldía Miguel Hidalgo, C. P. 11520,
Ciudad de México

www.megustaleer.mx

D. R. © Rosa Arruti, por la traducción

ISBN: 978-607-318-014-6

Impreso en México – *Printed in Mexico*

El papel utilizado para la impresión de este libro ha sido fabricado a partir de madera procedente
de bosques y plantaciones gestionadas con los más altos estándares ambientales, garantizando
una explotación de los recursos sostenible con el medio ambiente y beneficiosa para las personas.

Penguin
Random House
Grupo Editorial

A mi ángel protector, Tommy,
y a Reggie, rey de la costa de Jersey

AGRADECIMIENTOS

Deseo expresar mi gratitud a mi agente, Denise Stinton, por haberme dado acceso a un mundo nuevo para mí; a Emily Bestler y Eric Rayman por haberme guiado experta y pacientemente durante el proceso; y muy especialmente a la fuerza espiritual que hay en todos nosotros.

Soy la primera en admitir que nunca he entendido por qué lo llaman el «Estado jardín». Y sobre todo no entendía por qué, después de siete años sabáticos en la Costa Oeste, me sentía feliz de estar de vuelta en Nueva Jersey. Al fin y al cabo, todo el mundo asocia Nueva Jersey con los malsanos humos industriales que flotan sobre el nudo de la autopista Turnpike en Newark y no con el frondoso follaje otoñal que transcurre a ambos lados de la Garden State Parkway. Nuestro estado es blanco de todas las burlas en las tertulias televisivas nocturnas, aunque nunca se menciona el gran sentido del humor con que encajamos todos esos comentarios despectivos. También es un error frecuente asumir que nosotros, los de Jersey, sufrimos un complejo de inferioridad colectivo por vivir justo al lado de Nueva York, la ciudad que nunca duerme. No importa. Tampoco somos nosotros quienes sufrimos atentados terroristas. Quizá, por fin a alguien se le ocurrió que bastante desgracia teníamos.

Allá ellos. Tenemos algo que los neoyorquinos no tendrán nunca: la costa de Jersey. Quien haya pasado aquí siquiera una hora a la luz de la luna o bajo el sol reconocerá que nuestro litoral podría despertar el romanticismo latente enterrado en el fondo del neoyorquino más cínico. La pandilla de la tele puede hacer todos los chistes que quiera sobre «Chersy», pero probablemente esto se deba a que estos tipos nunca han presenciado el instante en que la blanca espuma hace estallar la sal en el aire del atardecer y la luna parece un bollo inglés de color naranja saliendo de golpe del tostador de las nubes.

Así es como yo lo vi la primera noche que conduje por la interestatal 95 hasta aparcar por fin delante de la urbanización de mi nuevo apartamento, a tan sólo cinco manzanas de la playa. Había hecho todos los preparativos por teléfono desde Los Ángeles y luego había cruzado el país en coche en tan sólo cuatro días. Por algún motivo sentía una necesidad urgente de regresar a todo lo que me era familiar, y las tarjetas de crédito y los sistemas de fax volvían ese tipo de gestiones increíblemente sencillas. Caras quizá, pero muy sencillas.

En cierto modo, casi era estimulante estar de nuevo en los conocidos pasillos de siempre del Centro Médico Metropolitano. A pesar de las nefastas advertencias de los amigos de la Costa Oeste que profetizaban lo mucho que me costaría conseguir un puesto de enfermera, conseguí un empleo de inmediato merced a la reducción generalizada de plantilla llevada a cabo en los hospitales durante los últimos tiempos. Tiene gracia que volvieran a contratarme para mi antiguo puesto de 3 a 11 como enfermera jefe de la Unidad Quirúrgica de Traumatología. Pese a que padecía un caso típico de desgaste profesional, hallaba cierto consuelo en la familiaridad de las escaleras y pasillos concurridos que tanta historia contenían para mí. Me sentía algo así como un soldado hastiado de guerra que, sin él explicárselo, se encuentra arrastrado a los campos de batalla donde, en otro tiempo, había luchado por su vida.

Durante mis quince años de enfermera, he trabajado en hospitales de todo el país en una búsqueda incesante por un puesto que no consumiera mi alma. Nunca he encontrado ese trabajo que pudiera soportar de manera permanente y, por lo visto, volvía a encontrarme en el punto de partida. Estaba de nuevo donde todo había empezado, y los recuerdos, la mayoría desagradables, se inmiscuían como huéspedes a los que nadie había invitado. Debía de haber caminado como mínimo un millón de kilómetros por aquellos viejos pasillos de paredes desconchadas, y subido las escaleras de atrás las veces suficientes como para dar la vuelta a la luna. Las paredes grises, de bloques de cemento, eran las mismas contra las que tantas noches me había apoyado, con los huesos de la espalda tan doloridos como los de una mula de carga y los pies como dos masas de carne muerta pegadas a los tobillos.

Pero también había cosas buenas. Me las arreglé para enamorarme un par de veces en esta vieja y destartalada casa de desgracias. Qué tiempos aquellos. Besos furtivos en ascensores vacíos. Arrebatos de pasión en escaleras desiertas. Ojos que asomaban por encima de mascarillas quirúrgicas y que decían cosas que los labios nunca podrían expresar. Amor entre las ruinas. Amor irreprimible que brotaba entre el drama y la agonía de un hospital del centro de una gran ciudad como briznas de hierba que consiguen multiplicarse y crecer en las grietas de una acera de cemento. Yo era joven y romántica por aquel entonces. Soñaba con enamorarme locamente y casarme. Sueños que encontraron una muerte lenta y dolorosa.

Y aquí estaba yo otra vez, de vuelta en el ring para el segundo asalto, pero en absoluto preparada para ello. Me consolaba el hecho de que, como mínimo, tenía más años y, según era de esperar, sería más juiciosa. Nunca permitiría que nadie me pisoteara otra vez el corazón, como Michael había hecho tiempo atrás. Hacía mucho que había hibernado todos aquellos sentimientos, siete años para ser exactos, y no quería que nadie intentara reanimarlos. Nada de heroicidades para este viejo corazón. Mejor dejarlo tranquilo y que muriera por causas naturales. Al menos, ya no dolía. Eutanasia cardiaca, supongo.

Cada vez que empiezo un nuevo trabajo, me obligo a mí misma a no ser dejada y cenar cada noche en una mesa como un ser humano civilizado, en vez de engullir apresurados bocados de comida entre vistazos a monitores cardiacos, firmas gráficas de control y carreras en busca del médico. Este programa nunca se cumple más allá de la primera semana, pero las intenciones son siempre buenas al principio.

Sólo llevaba tres días trabajando, así que tenía el firme propósito de aprovechar en serio la «hora» de treinta minutos de que disponía para comer. Doblé una esquina y entré en la cafetería del hospital, a la que entonces llamaban «comedor» en un patético intento administrativo de competir con otros hospitales para conseguir pacientes, o «clientes» como ahora se les denominaba. Aunque el letrero sobre la puerta y el mobiliario fueran nuevos, por lo que yo pude ver, el plato principal era el mismo e inidentificable guiso de pollo de siempre. Miré con pasividad cómo un hombre joven de obesidad morbosa, con granos en la cara y un sombrero de *chef* en la cabeza, dejaba caer con un paf aquella bazofia en mi plato. Pagué por mi veneno y me lo llevé a un asiento junto a la ventana en el extremo más apartado de la sala, contenta para mis adentros de que el ajetreo de las seis de la tarde hubiera pasado hacía rato y de que no tuviera que mostrarme agradable con nadie. No estaba de humor, sencillamente.

Miraba ensimismada por la ventana llena de manchas de la cafetería y no sé con seguridad si me sentí temporalmente transportada o sufrí una especie de ataque leve de epilepsia. El caso es que no fui capaz de desviar aquella mirada que se dilataba a través de la bochornosa noche de junio hasta que sentí una mano bastante grande que irrumpió sin pedir permiso sobre mi hombro, acompañada de una voz masculina que me resultaba familiar.

—Christine —dijo en tono dulce la perpleja voz.

Michael Stein. Reconocí su timbre de barítono antes incluso de darme la vuelta. Era una voz que, siete años antes, me había cantado canciones de amor, había susurrado sentimientos dignos de clasificación X a mi ávido oído… y había arrojado una granada de mano a mi corazón.

Sabía que tendría que toparme con él tarde o temprano, pero esperaba que fuera más tarde. Aún no tenía preparado un discurso, aunque había ensayado como mínimo unas doce versiones diferentes durante el viaje interminable por la interestatal 10 que cruza Texas. Ninguna de ellas decía con exactitud lo que tanto deseaba comunicar, a saber, que ningún hombre me había lastimado del modo que él lo había hecho y que no había sido capaz de querer a nadie desde el día que él decidió interrumpir el suministro energético a nuestra relación. Aquel día le había visto marcharse en su coche desde mi ventana y tuve que morder las cortinas para no ponerme a suplicar que volviera. Quería que se sintiera culpable por no haber sido capaz de comprometerse conmigo, pero no tan culpable como para excluir la posibilidad de volver a verme.

—Michael —sonreí, intentando dar la impresión, en la medida de lo posible, de ser alguien que había superado el dolor y que había reanudado su vida. Empujé el pie contra la silla que había a mi lado para apartarla de la mesa—. Siéntate, por favor —indiqué, con un tono estudiado que esperaba sonara maduro y seductor.

Pareció aliviado de encontrar cierta afabilidad. Supongo que se temía las dagas verbales que le lanzaba en el pasado, pero siete años son un montón de años y quise demostrarle lo mucho que había mejorado en todo este tiempo. Además, no quería que él se percatara de cuánto sufría todavía al mirar esos transparentes ojos azules suyos, que aún podían hipnotizarme con una sola mirada.

Llevaba puesto el uniforme de anestesista: bata verde de operaciones, protecciones azules de papel para los zapatos y un gorro quirúrgico a juego que no conseguía ocultar las canas, nuevas para mí, que asomaban en sus sienes. Bien. Me alegraba de que tuviera algunas canas. Abrigué la esperanza de que quizá también se estuviera quedando calvo. Por supuesto, me hubiera gustado aún más que, además de las canas, exhibiera una curva prominente en la cintura, pero su talle parecía seguir tan esbelto como siempre, tal vez incluso más.

—Estás genial, Christine.

Mentía. Yo debía de haber engordado cinco kilos desde la última vez que nos vimos y los años no me habían tratado ni con mucho tan bien como por lo visto lo habían tratado a él. Sin duda habría advertido las pequeñas y finas líneas que rodeaban mis ojos y que ninguna crema hidratante podía borrar.

—Y tú también —mentí. Bueno, de acuerdo, quizá no fuera mentira. De hecho tenía mejor aspecto que nunca, pero no iba a permitir que eso me impidiera disfrutar el momento en el que él tuviera que dar algunas explicaciones, si su intención era reanudar nuestra relación. Sin duda era sensato suponer, sin temor a equivocarse, que una pasión como la nuestra no se evaporaba sin más en el espacio. De hecho, su presencia ya empezaba a provocarme unas leves punzadas, y estaba segura de que él también las experimentaba.

Empezó a hacer comentarios superficiales, aunque yo parecía estar en cualquier otro lugar, en una especie de cabina insonorizada. No oí ni una sola palabra. Estaba demasiado absorta en escenas retrospectivas de los días en que Michael me había querido, o al menos eso pensaba yo. Sucedió durante sus prácticas como interno, cuando yo era la experimentada enfermera de trauma que le había enseñado todo lo que él sabía. Siempre sucedía igual con los internos. Cuando se embarcaban eran increíblemente humildes, con ganas de aprender, respetuosos con las enfermeras y agradecidos por las cosas que podíamos enseñarles. Sin embargo, para el primero de julio del siguiente año, cuando se convertían por arte de magia en médicos residentes, lo normal era que hubieran olvidado hasta nuestros nombres y nos trataban igual que a los pacientes con cerebro aletargado que recibían nuestros cuidados.

Pero Michael, no. Nuestra relación había sido muy diferente desde el comienzo. Habíamos trabajado a diario hombro con hombro en situaciones de vida o muerte, y el pánico se había convertido en una forma de vida para nosotros.

Es de sobra conocido que entre enfermeras y médicos hay algo eléctrico, casi sexual, cuando se trabaja en situaciones de emergencia. La adrenalina empieza a brotar con profusión, sube la temperatura corporal y el pulso late con fuerza. Añade a todo esto un poco de testosterona y tienes la receta ideal para una aventura sentimental.

Hay algo en esas subidas crónicas de adrenalina y en estar expuesto cotidianamente a tanto sufrimiento humano que hace que también te enfrentes cara a cara a tu propia mortalidad, lo cual no es en absoluto agradable. Te gustaría negarlo y reafirmar que tú, como mínimo, sigues aún viva. Caes en la cuenta de que empiezas a perder la capacidad para sentir emociones y necesitas desesperadamente convencerte de que todavía tienes sentimientos.

Michael y yo nos reafirmamos el uno al otro nuestros sentimientos y nuestra condición de seres vivos en múltiples ocasiones durante los tres años en que trabajamos juntos. Nos enamoramos sobre una bandeja de intubación una noche después de que perdiéramos a un hombre de cuarenta y siete años que presentaba un cuadro de aneurisma aórtico herniario. Michael me preguntó si me parecía correcto que ejercitara las técnicas de intubación sobre aquel hombre, puesto que ya estaba muerto e intubar los fiambres conservados en formol con los que se hacían las prácticas no era lo mismo. Michael tenía que aprender con «alguien» y estábamos convencidos de que a un hombre muerto no le importaría que un interno novato practicara sobre él unas técnicas tan necesarias. Al fin y al cabo, quizá sirviera para salvar la vida de alguien en el futuro.

Corrí discretamente la cortina alrededor del lecho del paciente y salí a decir a la familia que el doctor continuaba «trabajando con él» y a advertirles que no era algo muy agradable de presenciar. Cuando volví a la cabecera del enfermo, Michael había intubado con éxito a su primer paciente de verdad. Al salir del trabajo a las once y media me invitó a celebrarlo en el garito que había al otro lado de la calle, y así fue como empezó todo.

Todos nuestros sentidos parecían intensificados por la urgencia de nuestro trabajo. La admiración y el amor que sentíamos el uno por el otro no tardaron en afianzarse en el terreno abonado de las camillas de emergencias, las constantes vitales y los equipos de ambulancias. Fue el principio de una relación sentimental que duró tres años, y todo era tan perfecto y apasionado... hasta el día en que saqué a colación el tema del matrimonio. Ahí fue cuando todo el coraje que él había exhibido en operaciones a corazón abierto, manejando códigos y hablando con abogados encargados de casos de negligencia profesional, le abandonó por completo. Era obvio que Michael Stein era capaz de grandes cosas, pero el compromiso no era una de ellas.

Por qué no había mencionado esta pequeña fobia matrimonial tres años antes, cuando yo todavía tenía posibilidades de salir de aquello airosa, con mi lucidez intacta, es algo que nunca sabré. Sin embargo, sospecho que él comprendía que yo, como irlandesa cabezota que soy, habría puesto fin a nuestra relación en el mismo instante en que se retratara como el cobarde que era ante cualquier tipo de compromiso.

Michael dijo que yo era testaruda. Respondí que

ése era uno de los motivos por los que me quería. Me dio la razón pero añadió que también ésa era una de las causas por las que no iba a casarse conmigo. Naturalmente, se sucedieron las peleas y escenas dramáticas pero, al final, yo saqué la bandera blanca de la rendición y dejé el Centro Médico Metropolitano y a Michael, con la esperanza de que ambos se hundieran en su miseria.

Acababa de enterarme de una nueva forma de ejercer la enfermería, los contratos de enfermera ambulante, mediante los cuales podías trabajar para una agencia, con destinos breves por todo el país. Decidí que aquello era el bálsamo perfecto para un corazón roto, así que me dispuse a llevar la vida de un canto rodado y dejarme arrastrar de ciudad en ciudad. Como era de esperar, terminé echando raíces en la primera ciudad a la que me enviaron. Los Ángeles me pareció una maravilla después de toda una vida de inviernos en la Costa Este, y tampoco hice ascos al estilo de vida relajado de California. Pero basta, ya me estoy yendo por las ramas.

Así que me encontraba de nuevo allí, observando otra vez los luminosos ojos azules de Michael e intentando ahogar las pequeñas semillas de esperanza que volvían a germinar en mi corazón. Fue en ese preciso instante cuando me percaté del brillante anillo de oro que llevaba en la mano izquierda, y a él no se le escapó la forma en que se me paralizó la respiración al captar aquel detalle. Se limitó a sonreír con gesto avergonzado mientras yo permanecía boquiabierta.

—¿Quién? —interrogué, casi incapaz de hacer pasar la pregunta por el nudo que tenía en la garganta.

—No creo que la conozcas —dijo al tiempo que, inquieto, cambiaba de postura en la silla de metal de la cafetería.

—Ponme a prueba —le desafié. Tenía que enterarme, aunque me arrancara la vida. Casi lo consigue.

Ni siquiera fue capaz de mirarme a los ojos cuando pronunció el nombre.

—Sheila Conlin —masculló con una sonrisa falsa.

—¿Qué? —estaba horrorizada. Furiosa. Destrozada. No fui capaz de reprimir las palabras que empezaron a brotar incontroladas desde algún lugar en lo más profundo de mis entrañas—. Vamos, ¿me estás diciendo que era conmigo con quien no querías casarte? ¿Conmigo que te amaba? ¿Conmigo que era la mejor amiga del mundo? Dijiste que era porque el matrimonio te asustaba, y luego vas y te casas con una... una...

—Contente, Christine —dijo, a la defensiva. Levantó aquellos encantadores ojos azules para mirarme y, simultáneamente, su tono se suavizó. Dios, todavía sabía cómo engatusarme—. Mira, estás en tu derecho de sentirte indignada. Entiendo que...

—¡Tú no entiendes nada! —interrumpí furiosa.

Michael no me dejó seguir.

—Mira, Sheila es una buena persona. Es posible que incluso te cayera bien si llegaras a conocerla...

—Me das ganas de vomitar —le interrumpí mientras la rabia se apoderaba de mí. ¿Sheila Conlin? Por supuesto que conocía a Sheila Conlin y él lo sabía. Había sido mi enfermera supervisora todos aquellos años atrás y Michael me había oído quejarme de ella infinidad de noches. Yo nunca le había caído bien porque siempre amenazaba con llamar a *60 Minutos* y revelar la vergonzosa insuficiencia de personal que sufría el Centro Médico Metropolitano. ¿Sheila Conlin? No era guapa. Ni siquiera lista. No era más que la típica enfermera apocada, sumisa.

Claro, supongo que tal vez era ésa la explicación. Quizá Michael era de los que se sentían amenazados por las mujeres fuertes e inteligentes. No sería el primer hombre de éxito que se casaba con una mojigata, sin seso y servil. ¿Cómo se me había pasado por alto esta faceta de él? De haberlo sabido quizás hubiera moderado un poco mi actitud. De eso nada. ¿En qué estaba pensando? Además, Michael siempre había dado a entender que admiraba mi vena rebelde. ¿Acaso sólo había estado siguiéndome la corriente durante tres años?

—Supongo que la pobre Sheila tendrá alguna otra clase de virtud —dije con malicia—, porque Dios sabe que es tonta perdida.

Por raro que parezca, encajó mi comentario sin

pestañear. Era obvio que había decidido no pelearse conmigo por insultante que fuera mi actitud.

—Mira, Christine —dijo con la más delicada de sus voces—. Ahora soy feliz. ¿Es que no te alegras por mí?

—¡No, Michael, no puedo! —repliqué, desconcertada por el temblor de mi voz—. Y espero que me disculpes por no enviar un tardío regalo de boda —siempre recurro al sarcasmo cuando me siento vulnerable.

—Siempre echas mano del sarcasmo cuando te sientes vulnerable —comentó con una sonrisa divertida. Le odié en aquel momento. Y todavía le odié más cuando agregó—: Mira, Christine, en realidad es a ti a quien te lo tengo que agradecer. —Se percató de la consternación que mi rostro debía de acusar y se apresuró a añadir—: Me refiero a que, si no hubieras discutido conmigo y me hubieras hecho ver lo infantil que era en mi postura respecto al matrimonio, no habría estado preparado para recibir a Sheila cuando ella apareció en mi vida.

No daba crédito a mis oídos.

—Ahora sí que voy a vomitar —comenté con la esperanza de que toda la cafetería, pese a estar vacía, pudiera escucharme.

El busca de Michael escogió aquel momento oportuno para sonar. Era la llamada de regreso a la sala de operaciones, donde seguiría haciendo más dinero del que pudiera gastar, simplemente por «dar gas». Una urgencia masoquista se apoderó de mí antes de dispensarlo y me lancé ávidamente a indagar sobre los detalles más sórdidos y penosos de su vida actual.

Me enteré de que la que era su esposa desde hacía tres años estaba embarazada de su segundo hijo. Por algún motivo no podía imaginarme a Sheila Conlin preñada de otra cosa que no fuera ignorancia de burócrata (me negaba a llamarla Sheila Stein, resultaba demasiado doloroso).

Los imaginé haciendo el amor en el dormitorio principal de una mansión a orillas del mar, e imaginé una diferencia abismal con las ardientes y apasionadas noches que yo había pasado con Michael Stein en su sofocante cuartucho de guardia, entre visitas regulares a la Unidad de Traumatología. Incluso recordé cómo aquel maldito busca se ponía siempre a sonar en el momento más inoportuno, lo que nos llevó a apodarlo en broma el «CI», forma abreviada de «coitus interruptus».

El contacto de la cálida mano de Michael al cubrir la mía me hizo volver al miserable momento presente y a la realidad de que ambos teníamos que volver al trabajo. Me dio un besito rutinario que iba destinado a mis labios, pero volví la cabeza en el momento preciso y provoqué un aterrizaje forzoso en mi mejilla. Juraría haber oído una risa contenida mientras Michael salía a paso largo y seguro de la cafetería y me pregunté en qué momento habría perdido el brío frenético de los internos.

Permanecí allí sentada durante un instante, inmovilizada por la intensidad de mis emociones y vencida por el dolor de verle otra vez. Pero aún peor que el dolor era el paulatino convencimiento de que una sola conversación de diez minutos con Michael había anulado completamente el efecto terapéutico de siete años de alejamiento. ¿No había aprendido nada en los últimos siete años? ¿Había vuelto patas arriba mi vida y me había largado al otro lado del continente para caer ahora en la cuenta de que mi corazón se había quedado atrás?

Me dejé inundar por la futilidad y la desesperanza de la situación. Al parecer, el daño ocasionado a mi corazón tiempo atrás era irreversible. Aquello era como estar en una situación límite en la que todo el mundo trabaja febrilmente para salvar al paciente y lo único que oyes es ese monótono tono apagado del monitor cardiaco que indica que no hay actividad eléctrica en el corazón. Se acabó. Muchísimas gracias a todo el mundo pero no podemos hacer nada más.

De repente me invadió la rabia. En aquel momento odiaba a Michael Stein y odiaba mi patética vida.

Necesitaba una copa.

El final de mi turno parecía no llegar nunca. Cuando el reloj dio las once y media, cualquiera hubiera pensado que yo era la Cenicienta del cuento al sonar las campanadas de medianoche. Di un breve y apresurado informe a las enfermeras del turno de noche y luego salí disparada en dirección a la entrada principal, dejando, tras las puertas sin luz, la melodía mecánica de los sistemas de respiración artificial y los monitores cardiacos.

No me importaba lo más mínimo. De hecho, hacía mucho que todo había dejado de importarme. Era una pena pensar que en otro tiempo la ingenuidad me volvía tan compasiva que experimentaba cada punzada del dolor de mis pacientes. Pero se acabó. Lo que antes había sido un pozo sin fondo de abnegación y empatía se había vuelto un agujero seco y vacío. No quedaba nada que ofrecer, ni nada que llevarse si alguien lo intentaba. Aquella noche, el único dolor que sentía era el mío propio. Ésta era la nueva Christine Moore. Iba a poner todo mi empeño en volverme más egoísta. Por una vez, saldría corriendo de esta casa de desgracias y pondría a salvo mi propia miserable vida. Y los demás, que se apañaran.

Cuando me vi sentada en mi Toyota Celica '91 me di cuenta que en los últimos tiempos sentía más aprecio por mi coche que por cualquier ser humano, del pasado o del presente. Conduje hasta un bar próximo situado junto a la playa donde sabía que podría tomarme tranquilamente una copa a solas, sin tener que aguantar a un montón de camorristas neoyorquinos o *bennies**, como a nosotros los lugareños nos gusta llamarlos. Que nadie me pregunte por qué les apodamos así, no tengo ni idea. Alguien empezó a hacerlo y se quedaron con el nombre. Como es natural, los neoyorquinos no saben aceptar una broma y tuvieron que vengarse llamándonos «desenterradores de almejas». Qué le vamos a hacer. Los veraneantes era lo que menos me importaba aquella noche, siempre que me dejaran a solas con mi desdicha.

El plan era esperar a estar completa y plácidamente aturdida, y arrinconar todo rastro del dolor experimentado aquella noche en lo más recóndito de mi cerebro. Entonces, y sólo entonces, empezaría a elaborar una lista de todas las cosas que había decidido odiar y, por supuesto, los hombres la encabezarían.

---

* Anfetamínicos (*benny* es el término en argot para bencedrina). *(N. de la T.)*

El primer Absolut con soda me subió directamente a la cabeza, ya que no había cenado gran cosa después de reparar en la flamante alianza de oro de Michael. Con cada sorbo, iba dibujando mentalmente la destrucción en masa de células cerebrales, momento en que comprendí que, puesto que seguía pensando como una enfermera, era necesario tomar una segunda copa para dejar de hacerlo.

¿Cómo podía Michael haberme hecho aquello? Le había querido con toda mi alma, por no hablar de otras partes del cuerpo. Estaba convencida de que yo le había amado como Sheila Conlin no lo haría nunca. ¿Por qué los hombres siempre acaban siendo tan superficiales y decepcionantes? Y Michael no había sido el único. Ni con mucho. Antes y después de él había habido una larga procesión de tipos hipócritas y egoístas. Pero ver a Michael aquella noche —verlo tan puñeteramente feliz— era la gota que colmaba el vaso.

El camarero de la barra me colocó delante un segundo Absolut con soda y yo no protesté. Debía de notarse a las claras que me hacía falta, sentada en aquel taburete evaluando la carcasa vacía que constituía mi vida. Allí estaba yo, con treinta y siete años, atrapada en una profesión que había dejado de importarme. Dios sabía que ya no tenía deseos de seguir siendo enfermera, pero tampoco tenía ningún interés por volver a las aulas para procurarme una nueva carrera ajena a lo que había hecho hasta entonces. Todo aquello exigía un esfuerzo excesivo para una persona tan hastiada como yo. En cierto modo, había permitido que mi profesión hiciera conmigo exactamente lo que habían hecho los hombres: vaciarme de toda emoción, para arrojarme luego como una bandeja desechable de instrumental quirúrgico.

Eché una ojeada al espejo que había al otro lado de la barra y lo único que me devolvió la mirada fue el reflejo de un ser humano sumamente cansado y solitario. A mis espaldas, todo el mundo parecía estar emparejado o, como mínimo, intentaba estarlo, aunque me alegré de estar sola. Sabía, por todos los cursillos de psicología que había seguido, que aquélla era una conducta destructiva pero, francamente, no me importaba un pimiento. No existía «la otra persona significativa», ni entraba en mis planes empezar a buscarla. Además, vaya término más estúpido. Por supuesto que era mejor que usar «novios». Había dejado de llamarlos así el día que cumplí treinta años. Novio era un término demasiado juvenil y, por otro lado, cuando llegas a los treinta se supone que tienes un marido, no un novio. Hacía ya siete años que había pasado el plazo.

Luego estaba mi continuo problema de peso. No es que nadie pudiera considerarme gorda aparte de mí misma, pero las hamburguesas rápidas y la falta de ejercicio regular estaban empezando a hacer mella en mis caderas últimamente, y todo junto hacía que me sintiera más desgraciada de lo que ya era, si eso era posible.

Di otro sorbo distraído a la bebida y recapitulé mis pensamientos. Era una enfermera gorda, confundida y solitaria que ni siquiera podía recordar qué significaba sentirse feliz. Aún peor, Michael Stein era rico y dichoso, se mantenía en excelente forma y estaba casado. Al parecer, la única esperanza que tenía de cambiar mi vida, aunque fuera de forma insignificante, era renunciar a las dos únicas cosas con las que de verdad disfrutaba: los hombres y la comida rápida. Bueno, probablemente no encontraría excesiva dificultad en renunciar a los hombres. En cierto modo, sería como renunciar a las migrañas. Sin embargo, desechar la comodidad y conveniencia de la comida rápida hacía que experimentara un vacío y una pérdida insoportables.

Bebí otro trago, decidida a disfrutar de los últimos momentos libres de culpabilidad antes de iniciar otra dieta rigurosa. Fue en ese momento cuando algo extraño sucedió. Noté que alguien me observaba desde la puerta. No podía verle lo bastante bien como para discernir algún rasgo distintivo porque la luz brillante de la entrada destacaba su silueta y oscurecía sus rasgos. Así que, ¿cómo podía asegurar que me estaba observando? Ni idea; lo sabía, sin más. Por algún motivo, mi mente no ponía en duda que aquella figura me estaba escrudiñando con una especie de implacable microscopio de gran potencia.

Descarté la idea y la atribuí al alcohol que poco a poco iba calando en mis células cerebrales. ¿Qué hombre en su sano juicio iba a fijarse en mí? Con los años había acabado resignándome. Era obvio que me estaba aislando; interponía un muro invisible que cualquier hombre con un mínimo de inteligencia, si es que quedaba alguno, reconocería enseguida, visto lo cual decidiría trasladarse a pastos más verdes.

No obstante, y pese a no poder verle muy bien, había en él algo muy atrayente. Lo más probable era que estuviera siendo víctima de un espejismo, pues otra cosa no tenía sentido.

Por entonces yo todavía no era consciente de que las cosas no siempre tienen sentido.

Le observé más atentamente mientras avanzaba a paso largo hacia el bar, mientras la banda terminaba la última pieza de su actuación. No es que fuera especialmente atractivo o singular según los criterios habituales, pero destacaba inmediatamente entre los chiflados, borrachos y pringados de turno. Todo en él denotaba dominio, desde el pelo oscuro, corto por delante y largo por detrás, hasta la camiseta descolorida y la cazadora negra de motorista con las mangas remangadas.

Para sorpresa mía, deambuló con parsimonia hasta mi lado y, con una voz un poco áspera, aunque increíblemente melodiosa, hizo un gesto con la cabeza al camarero y pidió una soda con zumo de arándano. Esto no sólo me divirtió, sino que despertó mi curiosidad. Era innegable que el tipo tenía presencia. En contra de mis principios, mi mirada fue a parar a su grácil mano y observé el áspero vello negro y las venas prominentes y gruesas (¿qué voy a hacerle? No puedo dejar de ser enfermera, ni siquiera después de tomar unas cuantas copas con el estómago vacío). Observé cómo soltaba un billete de diez dólares sobre la barra y tampoco se me escapó la desnudez de su dedo anular.

Cuando llegó la virginal bebida que había pedido, hubiera jurado que me guiñó un ojo antes de inclinar el vaso empañado hacia sus labios sinuosos. Sostuvo el vaso medio lleno delante de él y se fue tranquilamente hacia el lugar que ocupaba la banda, al parecer indiferente al hecho de que había dejado el cambio de 7,50 dólares sobre la barra. Daba la impresión de estar seguro de que nadie iba a invadir el territorio ocupado por él. Nadie se atrevería. Desprendía un aura fascinante.

No podía asegurarlo, pero tuve la sensación de que me dejaba momentáneamente atrapada en su mirada cuando pasó con parsimonia junto a mí. Yo no estaba de humor para soportar egos masculinos ni coqueteos ocasionales, así que desvié la vista hacia el otro lado. Conocía demasiado bien a los de su clase y no estaba en absoluto interesada. Me inspiraba cierta curiosidad, pero en modo alguno interés. No era difícil adivinar que era como la mayoría de hombres que se mueven a sus anchas por los bares (y por mi vida, todo hay que decirlo): inmutables, dueños de sí mismos, fríos. En fin, el tipo de hombre del que siempre acababa enamorándome.

Con el tiempo he aprendido que soy una diabética emocional y que los hombres para mí son como barritas de chocolate: dulces al principio y nocivas al final. Pues no, mi corazón no había pasado por la trituradora en vano, al menos había aprendido un par de cosas. No obstante, me sentí intrigada al observar cómo saludaba con desenfado a los miembros de la banda y me percaté de la reacción de reconocimiento y deleite en los ojos de los músicos cuando repararon en su presencia. Supuse que él también tocaría algo ya que la mayoría de músicos huele a distancia a un compañero artista.

Después de aquello hice un esfuerzo deliberado por no prestarle más atención y en su lugar me concentré en la copa que tenía delante, que para mi sorpresa estaba casi acabada. No recordaba haberla apurado, pero debía de haberlo hecho. Aunque tuve la tentación de pedir una tercera, me lo pensé mejor. Al igual que con los hombres, todo lo que no sea moderación hace que a la mañana siguiente me arrepienta. Parecía claro que había llegado la hora de marcharse.

Recogí el bolso, dejé una propina generosa sobre la barra y me encaminé hacia la puerta, contenta de saber que acababa de prevenir otro desengaño sentimental.

Salir de la atmósfera refrescante y acondicionada del local a la bochornosa y pegajosa noche de verano era como entrar en una sauna. Los *bennies* dirían que el calor era agobiante, pero los «desenterradores de almejas», como yo, soñábamos con noches como ésas todo el invierno. La brumosa y grávida luna estival me incitó a cruzar la calle hasta la playa. Siempre me ha encantado observar las olas perezosas del océano fluir y refluir y filtrarse en la arena. Pensé en los *bennies* que sólo saben ir a la playa en tropel durante las horas de sol, cargados de incontables cadenas de oro, crema de protección solar, maquillaje de una pulgada de espesor y atronadores estéreos portátiles. Sólo los «desenterradores de almejas» comprendemos que precisamente es por la noche cuando la playa está más hermosa, cuando la luna ilumina las blancas palomillas rodantes y la marea susurra mil palabras tiernas a cualquiera que tenga ganas de escuchar.

La temprana ola de calor estival había sacado al paseo entarimado a un número sorprendente de gente por lo general sedentaria, que esperaba encontrar cierto alivio al calor sofocante. Hablaban en un tono dulcificado, nocturno, mientras paseaban por el entablado desgastado por la climatología y anhelaban desesperadamente la más mínima insinuación de brisa fresca que viniera del océano. Sus voces tranquilizadoras arrullaron mis pensamientos hasta hacerlos desembocar en ideas más serenas.

¿Cómo había llegado a sentirme tan insatisfecha de mí misma y de cómo había transcurrido mi vida? ¿Por qué no podía encontrar soluciones a los problemas que me impedían una vida dichosa? Sé a ciencia cierta que como mínimo soy una persona bastante inteligente y he conocido gente estúpida que es mucho más feliz que yo. ¿Por qué no podía hallar una manera de llenar el vacío de mi existencia?

Caminé por el paseo del todo ensimismada y perdida en mis pensamientos, ajena por completo al prodigio y al misterio que me aguardaban. Tampoco me percaté de una madera suelta que sobresalía del entablado. Tropecé con ella y salí volando por la oscuridad, me di en la cabeza contra la baranda de frío metal y aterricé de rodillas en lo alto de las escaleras que descendían hasta la arena.

Escudriñé la oscura playa en un intento de reorientarme tras la caída y creí advertir una forma singular en medio de la playa. Debía de haberme golpeado la cabeza con más fuerza de lo que pensaba porque hubiera jurado que había visto a un hombre sentado en una motocicleta, aunque sabía que aquello era bastante improbable. Ningún motorista que se precie de serlo se hubiera arriesgado, bajo ningún concepto, a que su moto se llenara de arena, así que me convencí de que sufría un principio de traumatismo craneal.

Cerré los ojos con fuerza antes de volver a mirar. Era cierto. Un poco más allá del paseo, había un hombre sentado en una moto sobre la fina arena de la playa. A medida que ganaba visibilidad, me di cuenta de que no estaba acomodado en lo alto de una motocicleta cualquiera, sino de una Harley Davidson. Las nítidas y poderosas líneas de la moto formaban un conjunto armonioso con las nítidas y poderosas líneas de la forma humana, como si fueran una misma cosa. Y por lo que yo había oído de los motoristas y sus Harley, eran una misma cosa.

La silueta del hombre y su moto se recortaba contra el telón de fondo de la enorme y brumosa luna, de las que sólo se ven en verano. La luna hacía lo que podía para iluminarle pero no brillaba lo suficiente como para permitirme distinguir algunos detalles sutiles, como el color de los ojos o la textura de la piel. Lo único que podía percibir era el perfil tosco típico de la clase de tipos que esperas encontrar sobre una Harley. De cualquier modo, algo en él me llamó la atención. Quizá fuera el gesto de su mentón, que emanaba amabilidad en vez de arrogancia, o la delicada curva de los altos pómulos que le daba un toque de hermosura. Aunque a primera vista causaba una impresión un poco intimidatoria, cuanto más lo estudiaba menos amenazante se volvía. Aquel hombre transmitía una sensación de paz, lo cual me intrigó profundamente.

Me apresuré a recordarme lo que había decidido sobre los hombres apenas veinte minutos antes, en aquel bar al otro lado de la calle, y me reprendí cumplidamente a mí misma. Ya estoy otra vez, pensé, demasiado romántica para mi propio provecho. Siempre concediendo demasiado crédito a los hombres antes de que hagan algo para merecerlo. No aprenderé nunca.

—Sí que aprenderás —las palabras llegaron flotando por el aire pegajoso desde su dirección, en tono suave y amable. Pese a lo inesperado de la voz, no me sorprendió. Pero bien mirado, tendría que haberme sorprendido. Aquello sólo lo había pensado, estaba segura de que no lo había dicho en voz alta. ¿Cómo era posible que él me hubiera oído y por qué me había contestado? Quizá, sencillamente, él estuviera a su vez pensando en voz alta, sin pretender en ningún momento que sus palabras se oyeran. Seguro, de eso se trataba. No era más que una coincidencia un tanto peregrina.

La suave voz flotó otra vez en el aire cálido de la noche.

—¿No sabes que no existen las coincidencias ni nada por el estilo? —preguntó—. Todo lo que sucede, por insignificante que sea, forma parte del fluir universal.

Aquello ya era demasiado.

—¿Quién eres tú? —insistí en saber, a la vez que captaba una insinuación de su hermosa dentadura blanca a través de su sonrisa.

—No tengas miedo —murmuró con exquisita cortesía.

—No me asustas —le respondí con un pelín de excesiva confianza para alguien que seguía de rodillas después del tropezón anterior.

No dijo nada. No le hacía falta. Se limitó a ofrecerme la mano derecha y esperó pacientemente a que yo descendiera las escaleras para tomarla.

¿Yo estrecharle la mano? ¿Estaba chalado? ¿Acaso parecía tan estúpida? Era evidente que este individuo tenía mucho que aprender sobre las mujeres.

—Por favor —dijo, con el tono de voz preciso y la mezcla adecuada de amabilidad y dulzura en el rostro.

Definitivamente, el tipo tenía muy poco que aprender sobre las mujeres.

Dudé sólo un momento, pues sabía que no podía confiarme, pero lo cierto era que no me inspiraba ningún temor. Yo, una cínica redomada, me sentía arrastrada hacia un desconocido por una fuerza innombrable, indefinible. Me aproximé a él no sin cierta timidez, aunque sin apartar los ojos de su dulce rostro, y a punto estuve de resbalar por la escalera desgastada por la intemperie. Al final de los escalones me quité los zapatos y la fría arena alivió mis pies agotados y recalentados. Entré en el charco de luz de luna que le rodeaba y él me tendió la mano derecha de modo más decidido, aunque su cuerpo permanecía relajado y acomodado sobre la Harley.

Le identifiqué enseguida como el tipo del bar que se había quedado mirándome, el tipo que se movía con el aire desenvuelto de un músico. Le estreché tímidamente la mano, que retiré todo lo rápido que los buenos modales me permitían (que nadie pregunte por qué me preocupaban los buenos modales, no tengo ni idea). Sé que él percibía mi timidez y recelo, aunque no dijo nada.

—Mis amigos me llaman Joe —se presentó, esbozando una afable sonrisa. Me pareció una forma singular de presentarse. ¿Por qué no decir simplemente «me llamo Joe»? Pero, por otro lado, ya empezaba a intuir que nada que se refiriera a este hombre era normal y corriente.

—Soy Christine —confesé apocada.

—Ya sé.

En circunstancias normales, y teniendo en cuenta el ambiente predatorio que se vive en esta ciudad de veraneo, llena de todo tipo de corazones solitarios en busca de ligues para una noche, hubiera dado por supuesto que no era más que un *benny* con labia. Sin embargo, algo me decía que no iban por ahí los tiros. Se le veía demasiado sereno para ser un *benny* y demasiado sofisticado para ser un «desenterrador de almejas». Por algún motivo, yo intuía que no le hacía falta recurrir a su labia para ser convincente. No lo necesitaba. Todo lo que decía rezumaba autenticidad.

—¿Y por qué alguien con un mínimo de sentido común iba a aparcar una hermosa moto como ésta en la arena? —pregunté, intentando desviar la atención de mí. Me esforzaba por sonar confiada y serena como él pero sin conseguirlo del todo.

—Aún no estoy seguro de que estés lista para saber eso —dijo con suavidad, a través de aquella sonrisa permanente.

Vale, entonces sí que me enfadé, aparte de sentirme un poco amedrentada. Por supuesto, fue el enfado lo que elegí mostrar.

—Mira, Joe —dije en tono muy sarcástico—. La verdad, no me importa nada cómo has llegado hasta aquí. Sólo intentaba ser agradable y darte palique, eso es todo. Me sobra por completo este numerito del «tipo misterioso» que me estás montando.

Me giré teatralmente sobre los talones desnudos y emprendí airada el regreso por la arena en dirección a la seguridad del paseo entarimado.

Su voz se transmitió otra vez por el aire pegajoso, tan dulce y suave como antes, y sus palabras fueron a aterrizar en mi corazón además de mis oídos.

—Todavía sigues siendo la muchachita asustada que tiene que demostrar a todo el mundo lo dura que es, ¿no es así, Christine? ¿Aún te asusta que alguien pueda entrever lo vulnerable que puedes llegar a ser?

Quise creer que en aquellas palabras había sarcasmo u hostilidad, pero sólo sentí verdad en ellas; una verdad que penetró en mí y que por un momento me convirtió en una temblorosa medusa. Me paré en seco allí mismo, aunque continué de espaldas a él. ¿Quién era este tipo?

—Sal de las sombras —me invitó con tono afable—. Ya has pasado demasiado tiempo escondida en ellas.

Sentí unas ganas irresistibles de llorar. ¿Cómo era posible que otra persona supiera aquello que sólo yo conocía: que he pasado la vida viviendo muy por debajo de mis posibilidades, temerosa de salir a la luz, temerosa de crecer plenamente? ¿Cómo era posible que este hombre supiera todo esto, y qué demonios le importaba a él?

Resolví al instante que por mucho que él creyera conocerme, era imposible que sus intenciones fueran buenas. ¿Cómo iban a serlo viniendo de un hombre? Volví a echarle otra ojeada con el único propósito de alejarme de él. Por mi mente pasaron como un rayo todas las historias truculentas acerca de mujeres atacadas en la oscuridad de la noche, y el poco juicio que me quedaba me aconsejó que saliera corriendo a toda velocidad. No obstante, algo en mi corazón me arrastraba hacia él. Mis pies empezaron a caminar en su dirección sin pedirle permiso al cerebro.

—Eso está mejor —afirmó con una mueca.

—No entiendo —murmuré yo a través de mi garganta encogida y con ojos rebosantes de lágrimas—. ¿Quién eres y cómo sabes tanto sobre mí? —el tono suplicante que detecté en mi voz me resultó odioso.

—Llegarás a entenderlo todo —sonrió—. Responderé a todas tus preguntas, incluso a las que aún no estás preparada para plantear ahora. No tengas miedo. Estoy aquí sólo para ayudarte.

Su voz me tenía hipnotizada aunque algo en mi

interior me recriminaba por creerle. Sentía la necesidad de seguir interpretando el papel de dura.

—¿Qué te hace pensar que necesito ayuda? ¿Cómo puedes saber tú o, para el caso, cualquier otro, lo que necesito? —no me había gustado su actitud prepotente.

—Perdona mi actitud prepotente —sonrió un poco avergonzado—. No era mi intención mostrarme así. Mira, la cuestión es que nadie más podría ofrecerte la clase de ayuda que voy a ofrecerte o enseñarte el tipo de lecciones que yo voy a darte. Nadie más se imaginaría siquiera cuánto te queda por aprender. Tu actuación es realmente buena.

Aquello hizo que me sintiera un poco mejor y un poco peor al mismo tiempo. Pese a estar terriblemente confundida, lo sorprendente era no sentir ningún tipo de miedo. Este hombre transmitía una bondad y humildad a la que era imposible permanecer insensible, incluso siendo una cínica amargada y resentida como yo. Había algo en torno a él que me hacía sentir segura. Muy en el fondo algo me decía que este hombre no estaba ahí para hacerme daño; no había la más remota posibilidad de que fuera capaz de ello.

Continuó en voz baja y tranquilizadora.

—Necesitas confiar en mí, Christine. Sé que la confianza no surge en ti con facilidad; no es de sorprender, teniendo en cuenta las heridas casi fatales sufridas por tu corazón a lo largo de los años. Pero si no me brindas tu confianza, aunque sólo sea el equivalente a un grano de mostaza, no podré hacer gran cosa por ti.

La referencia bíblica no me pasó por alto y me pregunté si sería alguna especie de fanático religioso que se creía Dios o algo parecido.

Se rió entre dientes con jovialidad, casi como si yo hubiera expresado en voz alta mis pensamientos, pero estaba segura de no haberlo hecho. Me contó cosas sobre mi infancia que nadie, excepto yo, podía saber. Describió con detalles vívidos el temor que me inspiraba la hermana May Michael, mi maestra de segundo grado en la escuela parroquial. Sabía cuánto había rezado una noche, después de perder los deberes, para que sufriera un ataque al corazón y se muriera a la mañana siguiente. Lo describió con detalles espeluznantes, igual que todos los traumas a lo largo de mi espinoso paso por la adolescencia. Estaba enterado de las dos veces que había experimentado con drogas y sabía que ahora me gustaba relajarme con una copa de Chardonnay antes de irme a la cama por la noche. Habló de todas mis neuróticas y destructivas relaciones con los hombres en el pasado y de la amargura que habían dejado en mi afligido corazón. Conocía mi relación sentimental con Michael Stein y también la forma en que mi corazón había saltado en mil pedazos aquella misma noche cuando vislumbré la inequívoca alianza de oro.

Conocía cada uno de los detalles de mi vida, cada defecto de mi carácter, cada rezo que había pronunciado y todos y cada uno de los deseos de mi corazón. Cuando parecía que por fin había acabado de contar la historia de mi vida con detalles que incluso yo había olvidado, noté el calor de las lágrimas que brotaban de mis ojos. Ya no me sentía tan dura.

—¿Quién eres? —volví a preguntar en un susurro lleno de desconcierto.

Al principio no dijo nada. De los bolsillos de sus vaqueros emergieron unas manos graciosas que enjugaron las lágrimas de mi cara con enorme ternura.

—Soy el «Dios» del que has estado huyendo durante todos estos años —empleó el pulgar para enjugar una lágrima más grande de lo normal que intentaba escurrirse cara abajo—. Hay gente a la que todo lo relacionado con «Dios» le desalienta sobremanera —sonrió—, y prefieren utilizar palabras como «Poder Supremo» o «Fuerza Universal». Elige la que más te guste. Incluso puedes inventarte un nombre si quieres. Lo que te vaya mejor.

—Pensaba que te llamabas Joe —dije entre lágrimas.

—Así es. Al menos ése es el nombre que he elegido para este viaje. Lo tomé del hombre que la mayoría de gente considera mi padre terrenal. Ya sabes, José de Nazaret. Aunque intento dejar a un lado lo de Nazaret. Suele crear desconcierto entre la gente.

—Estoy terriblemente confundida —dije enfurruñada. No había que olvidar que era una atea declarada y que en mi vida se habían sucedido demasiadas penas, heridas y tragedias como para creer en la existencia de un Dios, especialmente un Dios bondadoso e indulgente. Mis creencias no iban por ahí.

—No pasa nada —me consoló Joe mientras ponía su dedo índice en la pequeña cavidad encima de mi labio superior—. No es más que una reacción natural, pero te acostumbrarás. Al fin y al cabo, llevas demasiados años corriendo en dirección contraria.

—¿Por qué insistes en lo mismo? —volví a la carga—. Si realmente fueras algún Ser Místico o Fuerza Universal, sabrías que te recé durante mucho tiempo. Y que tú no me escuchaste —añadí.

—¿Entonces cómo estaría enterado de todo lo que te he descrito, y especialmente de las plegarias que acabo de mencionarte?

Me quedé mirando su cara apacible y bondadosa sin decir palabra.

—Son muchas las cosas a las que tienes que responder —contesté.

Sonrió con gesto paciente y asintió.

—Eso, todos. Estamos siempre evolucionando, mejorando, cada vez más cerca de las auténticas verdades. Incluso yo —admitió.

—¿Incluso tú? —no acababa de entender aquello. ¿Cómo era posible que esta supuesta Persona Divina o Ser Místico, o lo que fuera, aún buscara respuestas y verdades supremas?

—Sé lo que estás pensando —me dijo—, pero no hay nadie perfecto. La perfección es un espejismo, una manera de elevar tu objetivo.

—Puedes leerme el pensamiento, ¿no es cierto? —pregunté.

—Prefiero decir que oigo lo que estás pensando.

—Pues ahora oye esto —en mi voz volvía a detectarse el deje desafiante de antes—. Quiero saber por qué dejaste sin respuesta tantas de mis plegarias. Quiero saber por qué has hecho tan difícil la vida de tanta gente, ya sabes, hambre, enfermedades y todo eso. Y aún más, ¿por qué estableciste un montón de reglas que no hay manera de seguir en el noventa por ciento de los casos y luego nos vendes el cuento de la culpabilidad cuando infringimos esas reglas? —ya estaba embalada, no podía parar.

—Te refieres a los Diez Mandamientos, supongo —dijo con una expresión apenada en su rostro encantador.

—¡Puedes apostar los huevos a que sí! —hacía muchísimo tiempo que deseaba blasfemar delante de Dios y la espera había merecido la pena. La satisfacción fue inmensa. Animada por la ausencia de réplica, continué—: Esos mandamientos eran bastante estrictos, ¿no crees? No daban margen a flaquezas humanas ni a circunstancias atenuantes. Ya sabes, esas ocasiones en las que una persona se ve obligada como mínimo a modificar las normas.

Lo había soltado y, una vez dicho, me sentí mejor, mucho mejor, aunque no recibiera ninguna respuesta. Eran preguntas que me habían consumido por dentro durante tanto tiempo que sólo la oportunidad de darles rienda suelta ya era suficiente.

Joe tenía la mirada perdida en el cielo nocturno y las manos apretujadas en el fondo de los bolsillos de los vaqueros.

—Va a ser un poco más complicado de lo que creía —pensó en voz alta.

Durante unos breves momentos ninguno de los dos habló. Yo estaba pensando que él no parecía sentir la necesidad de responder a ninguna de mis preguntas o de defenderse de las dramáticas acusaciones que le había lanzado. Entonces sucedió algo sumamente extraño. Las olas del océano dejaron de avanzar en dirección a la orilla y la gente en el paseo se quedó callada e inmóvil. Alguien le dio al mando del brillo lunar y Joe y yo quedamos bañados por un foco resplandeciente de luz.

Por primera vez durante nuestro encuentro, me sentí asustada de verdad.

—No entiendo qué está pasando —dije al tiempo que me acercaba más a Joe y su Harley.

—Es sencillo —contestó él—. Te estoy preparando para vivir. Me refiero a vivir de verdad, sin reservas. —Volvió a la luna el rostro de trazos perfectos y continuó casi abstraído—: Tienes razón en lo de los Diez Mandamientos. Era un recién llegado en el campo de la Fuerza Universal cuando se me ocurrió esa idea. Se me pasó por alto que estaba siendo algo inflexible. Con franqueza, no comprendí que una lista de mandamientos no puede servir de guía para todo el mundo. Nos encontramos en niveles diferentes de desarrollo y evolución, y lo que sirve para una persona evidentemente no tiene por qué servir para todos los demás. Pero entonces aún no lo había descubierto.

Se giró de perfil y me percaté de que sus ojos adquirían el mismo color oscuro y sombrío que el océano iluminado por la luna. Si antes lo había puesto en duda, en aquel momento sabía con toda certeza que este hombre estaba en directa conexión con el universo.

—Éste es el motivo de mi regreso —continuó—. Quiero entrar otra vez en contacto con todo el mundo y dar a cada uno su lista personal de mandamientos. Ya me entiendes, pautas que funcionen para el individuo, no para la masa.

Colocó sus elegantes y delgadas manos sobre mis hombros y fijó su mirada en la mía.

—Y ahora te ha llegado el turno a ti, Christine. Por eso estoy aquí. Siento mucho que te haya tocado tan tarde, pero estoy seguro de que entiendes el volumen de trabajo que esto implica.

Permanecí allí parada como una estatua, incapaz de responder a lo que estaba oyendo. Incluso empecé a preguntarme si alguien, sin yo darme cuenta, no me habría introducido en la bebida alguna sustancia, que en esos momentos me hacía alucinar.

—Ha llegado la hora, Christine, de que empieces una nueva vida. Soy ese «Dios» que a veces crees que no existe. Soy el «Dios» que piensas que te juzga y te castiga. Pero no me conoces... aunque la culpa básicamente es mía. Tal vez no siempre supe revelar mi presencia, pero debes creerme, Christine: soy el Dios que te vio crecer y caer en la desesperanza. Intenté ayudarte muchas veces, pero en vez de confiar en mí y aceptar mi ayuda, escogiste cabrearte y ponerte a la defensiva. Puedo entenderlo, pero espero que tú a tu vez entiendas que nunca he dejado de quererte ni te he abandonado.

La tierra continuaba detenida y en silencio, como si aguardara educadamente mi respuesta. Pero yo aún no había acabado con todas mis recriminaciones. Hablar no costaba nada:

—Entonces, ¿por qué ahora? ¿Por qué no te presentaste en todas esas ocasiones en que tanto te necesitaba? ¿Por qué apareces precisamente ahora? Ahora que ya ha dejado de importarme todo. Ahora que no estoy en crisis. Ahora que he aprendido a vivir sin ti. —En ese instante me vino a la cabeza un terrible pensamiento—: ¿Voy a morir quizás?

Su rostro se iluminó de regocijo al contestarme:

—Difícilmente —respondió con una mueca—. Por fin vas a vivir. Voy a brindarte una paz que nunca antes habías conocido. Una paz tan hermosa y gratificante que te hará olvidar todo lo referente a tu vida anterior.

—Pues que tengas suerte —dije con sarcasmo. Advertí que un ceño casi imperceptible se dibujaba por un instante en su dulce rostro. A pesar de mi firme determinación de no preocuparme más por los sentimientos masculinos, no pude soportar verle dolido—. Mira, Joe —empecé de nuevo—, la religión no funciona conmigo. Pasé demasiado tiempo en la escuela parroquial y en la iglesia como para que quede algo de fe en mí.

Sonrió con gesto paciente.

—Conozco tus opiniones acerca de la religión y admito que lo más probable es que la culpa sea mía. Años atrás, me despisté un poco precisamente en ese asunto. Pero la gente también lió bastante el tema. Interpretaron erróneamente casi todo lo que dije y luego incluso libraron guerras para ver quién tenía razón. Se me fue totalmente de las manos —me miró con gran solemnidad—. Es por esto por lo que estoy aquí. Para intentar desenmarañar todo el embrollo.

—Pues te va a costar lo tuyo —contesté. Comprobé que el mundo seguía quieto y que seguramente continuaría así hasta que él acabara de comunicarme lo que había venido a decir. Era realmente impresionante. Nada me distraía de nuestra conversación. No tenía ni idea de cómo lo había hecho pero lo cierto es que era un instrumento de comunicación muy efectivo—. Lo que me intriga es cómo planeas llevar a término todo esto —pregunté conquistada ya del todo por él.

—A escala individual, por supuesto —respondió sin vacilar—. Piensa en ti, por ejemplo. Voy a darte tu lista de mandamientos personalizados que seguir. Mandamientos que cobrarán sentido para ti y que te guiarán a la paz más grande que hayas conocido jamás. Tengo una lista distinta para cada persona. Hay gente que necesita más y otra menos. Todo depende de en qué medida hayan complicado su existencia.

Me alegré al ver que sus ojos recuperaban el entusiasmo de antes.

—¿Cuántos has redactado para mí? —quería enterarme.

—Seis —contestó casi antes de que yo acabara la pregunta.

—Deduzco que no soy tan complicada como pensaba —comenté, intentando restar importancia a todo aquello—. No me digas que los has tallado en dos tablillas de piedra y que yo voy a tener que subir una montaña para conseguirlos...

No captó mi cinismo.

—Oh, no —dijo, completamente en serio—. Será

mucho más duro que ascender una montaña. Mira, voy a quedarme una temporada contigo. Ya me entiendes, apareceré en tu vida de tanto en tanto hasta asegurarme de que los has asimilado. Observaré cómo los pones en práctica y entonces podré pasar a la siguiente persona. Así es como funciona.

Su rostro era juvenil y adorable; no podía soportar la idea de decepcionarle. Ya no dudaba de su identidad.

Pese a todo mi escepticismo, sólo se me ocurría una persona que pudiera detener las olas del mar, iluminar la luna e inmovilizar a la gente que andaba por el paseo, y no se trataba de alguien de este planeta.

—¿Entonces cuánto tiempo llevas ya en esto? —pregunté—. Me refiero a dar a la gente su propia lista de mandamientos.

—Por lo visto no lo bastante. Se me ha amontonado el trabajo. Pero siempre procuro aprender, mejorar y ser más eficaz en mi cometido.

—¿Serás lo bastante eficaz ahora que ya no tengo que preocuparme de que me hagas caso? —pregunté de corazón.

—Christine, sé que cuesta entenderlo, pero fuiste tú quien te apartaste de mí —aunque el rostro seguía irradiando ternura y amabilidad, sus palabras sonaban firmes—. Baste con decir que nunca te he dejado y nunca lo voy a hacer, pase lo que pase.

Intenté digerirlo mientras me quedaba mirando

embobada la motocicleta y las gastadas zapatillas blancas de baloncesto.

—¿Por qué te has acercado a mí en una Harley? —eran tantas las pregunta que quería hacerle.

—Tenía que atraer tu atención —dijo simplemente.

—¿Y para qué la camiseta, la cazadora de cuero y semejante cuerpo?

Su sonrisa era amplia.

—Necesitaba una nueva imagen. Hoy en día la gente ya no se identifica con las sandalias y el pelo largo. Al menos, no desde los sesenta.

—Así que —empecé—, quiero asegurarme de que te entiendo correctamente, lo que me estás diciendo es que tú eres Dios, ¿no?

Él comprendía mi cautela. Por lo visto, no era la primera vez que le pasaba. Habló despacio, escogiendo cuidadosamente las palabras para que mi mente suspicaz y mi corazón endurecido las pudieran asimilar:

—Yo soy todo lo que es bueno, favorable y fuerte en el universo. Soy la energía que hace que las semillas se conviertan en flores y que las flores vuelvan sus bellos rostros al sol. Tal vez soy discreto y sutil, pero mi presencia no debe subestimarse. Yo soy tú y tú eres yo. Si quieres llamarme Dios, por mí, de acuerdo. Si te sientes más a gusto utilizando otro nombre, pues vale.

—Decididamente lo de «Dios» no me resulta fácil —me apresuré a contestar—. He pasado mucho tiempo cabreada con él.

—Lo sé.

—Necesito una nueva imagen de él; que no tenga que empezar necesariamente con letras mayúsculas.

—aquí me tienes.

—¿Cómo has hecho eso? Quiero decir, hablar en minúscula.

—Christine, tu mente puede llegar a entender muchas cosas maravillosas. No derroches tu capacidad concentrándote en antiguos resentimientos o pensamientos negativos. Hay mucho bueno ahí fuera que puedes aprender. Confía en mí. Créeme. Tenemos mucho que hacer pero no representará un esfuerzo, te lo prometo. Será absolutamente maravilloso.

Aún tenía mis reticencias. Aunque mi cerebro ya había claudicado, mi corazón había perdido la capacidad de confiar en algo con tanta rapidez. Lo habían decepcionado, partido en pedazos y pisoteado en demasiadas ocasiones como para creer ciegamente en nadie. Ni siquiera en alguien que afirmaba ser, y lo cierto era que lo parecía, un Ser Místico. Seguía sin poder usar la palabra «Dios». De todos los hombres que me habían fallado en la vida, Dios había sido el más culpable. La mayor decepción. Ni una sola vez había sentido que estaba de mi parte. No, aunque este tipo fuera Dios, seguía cabreada con él. Tenía que seguir con mis chistes estúpidos y desdeñosos, tan sólo para que mi corazón tuviera tiempo de ponerse a la altura de mi cerebro.

—Bien, he conocido muchos tipos que se creen Dios pero tú eres el primero que casi me convence —repliqué con una sonrisa de presunción y con treinta y siete años de sarcasmo rezumando por mi voz.

Era demasiado inteligente y sincero como para reírse de algo que no tenía gracia. Sus ojos brillaban a la luz de la luna estival con un tono marrón claro, y todo lo que se reflejaba en ellos era hermoso.

—Procura no estar tan asustada, Christine. E intenta no ser tan corrosiva. Ten confianza en ti misma. Déjate ir. Hay una vida maravillosa ahí fuera esperando a que la disfrutes. Despréndete de toda esa rabia y permíteme mostrarte el camino.

—¿Cómo sé que en esta ocasión puedo confiar en ti? —pregunté con timidez.

Apoyó un dedo largo y grácil sobre mis labios y dijo:

—Shhhhh. ¿Oyes eso?

No oía nada y se lo dije.

—Es el sonido de algunos muros que se vienen abajo. Los muros que has levantado alrededor de tu corazón. ¿Los oyes ahora? Ya has empezado a confiar un poco en mí y los muros se están derrumbando.

—No, no oigo nada —contesté con obstinación.

—Da igual —dijo sin darle trascendencia—. Mientras yo oiga que se están desmoronando, no importa si tú no eres capaz de hacerlo. Por cierto —añadió—, éste es el primero de tus mandamientos personales. «No levantes muros: aprende a traspasarlos.»

—No lo entiendo —dije—. ¿Cómo va a ayudarme eso a reencauzar mi vida?

—Dímelo tú —me sonrió con expresión paciente.

Vaya, ahora iba a hacerme sudar.

—Bien, supongo que quizás he levantado algunos muros bastante sólidos a lo largo de los años —respondí pensativa—. Ya sabes, muros que te han dejado fuera a ti. Muros que me impiden creer en ti, aunque estés aquí mismo, delante de mí. Y también he utilizado esos muros para mantener a raya a otra mucha gente.

Joe hizo un gesto de asentimiento pero no dijo nada. Supuse que aquello significaba que aún quería oír más.

—Y me gustan mis muros —insistí—. Me han protegido. También han impedido que me hicieran daño.

—Y también han mantenido mucho miedo encerrado dentro —añadió—. Es por eso por lo que son tan peligrosos. Te impiden ver lo que es real.

—Vale —admití—, pero ¿qué es todo eso de traspasarlos? ¿Estás diciendo que tengo que derrumbar esos muros a los que tantos años he dedicado, hasta construirlos a la perfección?

—No —dijo—. Eso sería demasiado trabajoso. Es más sencillo saltar por encima de ellos. Ya sabes, funcionar a pesar de ellos. Es simple: ignóralos. No es tan duro como piensas. La parte difícil es aprender a no construir más. Concéntrate en superarlos por muy aterrador que a veces te resulte.

Estaba confundida. No tenía ni idea de por dónde empezar. Mis muros me habían servido de mucho y no estaba segura de querer desprenderme de ellos.

—Sé que no es fácil —susurró—, pero es la única posibilidad que tienes si quieres que tu vida cobre algún sentido.

Allí estaba, hipnotizada por este hombre que me prometía mostrarme el camino hacia la felicidad. Deseaba con desesperación creer en él pero no quería volver a sufrir un desengaño.

—Esta vez no voy a decepcionarte, Christine —susurró. Sus palabras se vertían sobre mi corazón como agua caliente sobre un bloque de hielo y provocaban pequeños riachuelos de esperanza que manaban por mis ojos.

—De acuerdo —lloriqueé—. Me rindo.

Los brazos fuertes y tiernos de Joe me mecieron contra su pecho musculoso y provocaron en mí una sensación casi primitiva de estar protegida del mundo. Lo único que oía eran sus latidos rítmicos y lentos con mi oído apoyado cerca de su corazón. Al principio mi mente de enfermera lo evaluó como el ritmo sinusal normal pero, cuanto más lo escuchaba, más sonaba como las olas que volvían a formarse una y otra vez para morir en la orilla. Joe me sonrió y de repente no quise más respuestas, pese a tener un millón de preguntas. Una nube de serenidad y paz se había posado sobre mí y no quería que nada la perturbara.

—Siempre me ha asustado tanto la posibilidad de que no existieras —admití entre lágrimas.

—Eso es porque yo te daba miedo y lo más cómodo era no creer.

—Pero no paraban de suceder cosas dolorosas en mi vida y siempre me sentía abandonada por ti —repliqué—. Parecía lo más lógico culparte de todo lo que salía mal.

Acarició mi pelo y alzó la vista al cielo de la noche.

—Haz un esfuerzo por comprender que cuando me culpas de las cosas, en realidad te estás culpando a ti misma. Recuerda, yo soy tú y tú eres yo. Estamos conectados para siempre y nunca te voy a abandonar, por mucho que intentes desterrarme de tu vida.

Dejó de rodearme con los brazos y cogió mi cara entre aquellas delicadas manos para obligarme a mirar dentro de sus insondables ojos castaños. Me quedé maravillada de lo que allí descubrí. Era mi propio reflejo que a su vez tenía la vista clavada en mí. Y me veía hermosa, de una manera que ninguna revista de moda podría captar. Mi rostro exhibía la misma mirada serena que antes había advertido en Joe. Las tenues arrugas de viejas heridas y desengaños pasados se habían borrado y algo indefinible y hermoso emanaba de mis ojos. Me quedé sin habla y él soltó una risa ahogada al comprobar mi asombro.

—Te acostumbrarás a ello —sonrió—. Se llama paz. —Luego, cambiando de tema, añadió—: Hay una cosa más que he olvidado mencionar.

Aguardé sin saber qué era lo que estaba esperando.

—No debes comentar esto con nadie. Eso es muy importante.

—Pero creía que un tipo como tú, quiero decir, bueno, si de verdad eres Dios, bueno, pensaba que te gustaría que propagara tu palabra, para entendernos.

—Ya no. No puede decirse que eso funcionara demasiado bien la última vez. Fue como ese juego en el que alguien le transmite un mensaje al oído a la persona que tiene a su lado y para cuando llega a la última persona del círculo, el mensaje está completamente distorsionado. Pues bien, si hacemos eso a mayor escala cunde el caos, y a veces incluso se provocan guerras.

—Nunca lo había pensado —dije mientras oía cómo se reanudaba el movimiento sobre el paseo. Las olas del océano rodaban de nuevo y todo parecía volver a la normalidad. Vislumbré a lo lejos una moto de los vigilantes de la playa que se acercaba hacia nosotros y mencioné a Joe que quizá querría sacar su moto de la arena antes de ganarse una multa. Se limitó a reír, aunque yo no entendía por qué. Naturalmente, había un montón de cosas que yo no comprendía pero tenía la sensación de que estaba a punto de aprender muchísimo.

—¿Volveré a verte? —pregunté sin asomo de timidez.

Su rostro se iluminó con una sonrisa sincera.

—¿Lo ves? ¡Acabas de hacerlo!

—¿Hacer el qué?

—Traspasar tu primer muro, sin tan siquiera darte cuenta. Has preguntado si volverías a verme. Sé que en circunstancias normales no harías eso con ningún hombre, aunque te estuvieras muriendo de ganas. Son muros como ésos lo que te han estado matando lentamente.

Tenía razón, cómo no, y comprobé encantada lo fácil que había sido traspasar el primer muro. Podía hacerlo, estaba segura.

—Entonces hay esperanza para mí —dije medio en broma.

—Siempre la ha habido —respondió él en serio.

—Mejor que me ponga en marcha —dije yo—. Se está haciendo tarde y tengo muchas cosas en que pensar.

—Te llamaré.

Se despidió mientras yo me volvía en dirección al paseo y al patrullero de la playa se aproximaba. Hasta que me hallé a salvo en el interior de mi coche, conduciendo hacia casa, no caí en la cuenta de que Joe no me había pedido el número de teléfono. Pero había dicho que iba a llamarme y necesitaba creer en él.

—Eso es lo que dicen todos —murmuró una vocecilla dentro de mi cabeza.

Transcurrieron dos semanas sin tener noticias de Joe. Me encontré rondando cerca del teléfono, a la espera de que sonara, y me rebelaba ante mí misma por tener un comportamiento tan adolescente. Aquella noche en la playa me había quedado totalmente prendada de él y, por más que lo intentaba, no podía sacármelo de la cabeza. Traté de convencerme de que estaba atravesando una de mis fases *marujas* y era por eso por lo que pasaba tanto tiempo en mi apartamento, limpiando y reordenando muebles. Sabía de sobra cuál era la verdadera razón de que pasara tanto tiempo en casa, sólo que no quería admitirlo. Pese a que disponía de un contestador automático probabamente eficaz, quería estar disponible en todo momento para ver a Joe otra vez, si es que se decidía a llamar.

La llamada no llegaba nunca y en mi corazón comenzaron a insinuarse serias dudas que depositaron un poso ponzoñoso donde tan sólo unos días antes habían nacido pequeños brotes de esperanza. Muy en el fondo, sabía que ya era hora de ser realista. ¿Cómo podía pensar que iba a llamarme si no le había dado mi teléfono, que ni siquiera constaba todavía en el listín? ¿Y por qué no lo había pedido? Aunque, por otro lado, conseguir un teléfono que aún no está registrado debía de ser coser y contar para un tipo que era capaz de parar el océano, inmovilizar la humanidad y hacer resplandecer la luna.

Empecé a preguntarme si todo aquello no habría sido un sueño. Peor aún, quizá se tratara de algo similar a una enfermedad llamada pseudociesis en la que una mujer con un deseo irresistible de tener un hijo llega a desarrollar todos los síntomas del embarazo, incluido el abdomen hinchado y prominente. E incluso va de parto, sólo que no da a luz. No hay bebé; nunca lo hubo. Se trata sólo de la mente que impone sus deseos más profundos al cuerpo.

Quizás había experimentado una variante de este fenómeno la noche que me encontré con Joe. Tal vez debido al deseo desesperado de que apareciera un hombre en mi vida y también debido a que quería creer en un Dios justo y benevolente, mi mente los había fusionado a ambos para contentarme. No había sido más real que un falso embarazo. No podía haberlo sido.

Me quedé mirando el mudo teléfono que me devolvía una mirada socarrona desde su soporte y me di cuenta de lo harta que estaba de hombres que decían que iban a llamarme y que nunca lo hacían. Me puse las zapatillas de deporte y decidí salir a correr por el paseo entablado. El ejercicio vigoroso siempre ayuda en momentos como éste. Te levanta el ánimo y ayuda a volver a poner las cosas en su sitio, sin olvidar lo recomendable que resulta dado mi perpetuo problema de peso.

En el paseo había un puñado de corredores empecinados a pesar del calor insoportable. Eran los mismos que veía en invierno, corriendo por la playa con ventiscas y temperaturas bajo cero. Por lo visto, ese «clímax del corredor» merece cualquier esfuerzo que conduzca a él, por agónico que resulte, y yo debería saberlo. Hice unos minutos de calentamiento y luego inicié la marcha a ritmo lento. Antes del primer kilómetro ya había empezado a sudar. Por algún motivo, estaba disfrutando a fondo del esfuerzo físico, del sudor y de forzarme al límite. Sólo estaba concentrada en conseguir el ritmo glorioso de una buena carrera, en sentirme saludable y enérgica.

Para mi sorpresa, sobrepasé la marca habitual de los cinco kilómetos sin que ni siquiera me faltara el aliento. Continué adelante mientras escuchaba el choque del oleaje y saludaba con un gesto de reconocimiento a los que venían corriendo en dirección contraria. Debía de haber corrido cerca de nueve kilómetros cuando por fin me paré. Me sentía a las mil maravillas mientras las endorfinas liberadas por el esfuerzo vigoroso recorrían mi cuerpo. Decidí intentarlo a diario y aumentar el kilometraje en cada sesión.

Cuando introducía la llave en mi puerta, sonó el teléfono en el interior de la vivienda. Agarré un paño de cocina para enjugarme el sudor de la cara mientras me acercaba a contestar.

—¿Diga? —pregunté un poco sofocada.

—Ya era hora de que dejaras de obsesionarte conmigo y pensaras un poco en tu propio bienestar —dijo una melodiosa voz masculina directamente en mi oído.

—Joe —exclamé, incapaz de ocultar el deleite de mi voz—. ¿Dónde has estado?

—¿Quieres decir por qué no te he llamado? Di siempre lo que realmente quieres decir, Christine —respondió con prudencia y amabilidad, pero sin regañarme.

—De acuerdo. ¿Por qué no has llamado? Estaba empezando a perder la esperanza.

—Lo sé. Por eso he llamado. Ya veo que no renuncias fácilmente, ¿eh?

—No cuando está en juego algo que quiero de verdad —sólo quedaba una pizca de duda en mi corazón—. Y quiero verte de nuevo, Joe. Quiero hablar contigo un poco más.

—Lo sé. Lo haremos. Pero primero tienes que sacarte cualquier idea romántica de la cabeza. Es por eso por lo que no he llamado antes. No puedo enseñarte todo lo que necesitas aprender si vas a estropearlo con ideas románticas.

—Por supuesto. Tienes razón —reconocí—. Lo que pasa es que hacía tanto tiempo que no encontraba alguien que cobrara algún sentido para mí, que me intrigara o que tuviera algo que decir que mereciera la pena. La otra noche me dejaste fascinada, y de un modo tan natural... Quiero más. ¿Es eso tan terrible?

—Sí —dijo—. Es terrible para ti. Te hace daño. Te deja a mi merced. Te quedas esperando a que suene el teléfono cuando podrías estar gozando de todas las cosas espléndidas que he dispuesto aquí para tu disfrute: océanos, puestas de sol, flores, cálidas brisas de verano.

—Pero tienes que reconocerme algún mérito, Joe —insistí—. Sí que he podido olvidarme de ti esta noche y he salido a correr y a disfrutar de algunas de esas cosas que has mencionado.

—Es por eso por lo que ahora hablamos —explicó como si estuviera tratando con un niño de corta edad—. No puedo penetrar en tu mente si está llena de anhelos y romanticismo. Es muy importante que aprendas estas lecciones, o mandamientos, o como quieras llamarlos. Tienes que ser una alumna aplicada, Christine. Tu mente debe estar del todo abierta, si no, ambos estamos perdiendo el tiempo. ¿Lo entiendes?

—Sí —contesté con franqueza, aunque sentía el corazón oprimido. Por lo visto detectó el abatimiento en mi voz.

—Christine —dijo con ternura—. El romance, el amor, las relaciones vienen de camino hacia ti. Pero no sucederá nada hasta que pase un tiempo. Y no sucederá conmigo. Ése no es el objetivo de mi visita.

—Comprendo —dije, aunque seguía decepcionada—. Pues si todas esas buenas cosas están en camino, pongámonos en marcha. Hemos perdido dos semanas.

Joe soltó una risita afectuosa.

—No se ha perdido nada, Christine, en absoluto. Simplemente has tardado dos semanas en aprender tu segundo mandamiento. —Y entonces, antes de que tuviera tiempo de preguntar, sugirió—: ¿Por qué no intentas expresar en palabras lo que crees que es tu segundo mandamiento?

Esta vez me lo pensé antes de abrir la boca. Sabía que tenía algo que ver con el hecho de no obsesionarme con aventuras amorosas y seguir adelante con mi propia vida, pasara lo que pasase.

—Veamos —empecé, casi segura de que mis conjeturas serían correctas—. No te quedes esperando a que suene el teléfono.

—Caliente —dijo él—. Pero éste es un pequeño detalle dentro de un concepto más general. Inténtalo otra vez.

Cerré los ojos y me apreté las sienes, pero no conseguía captar el segundo mandamiento.

—No sé. ¿Algo relacionado con las obsesiones, tal vez?

—Te estás quemando —concedió—. Escucha con atención. Se trata de un mandamiento importante para ti porque tienes tendencia a quebrantarlo muy a menudo. ¿Preparada?

—Preparada —contesté sin entender cómo podía quebrantar un mandamiento del que ni siquiera tenía noticia, pero supuse que este asunto habría que tratarlo en otro momento.

Su voz resonó profunda cuando recitó el mandamiento número dos:

—«Vive cada momento de tu vida, pues todos son preciosos y no debes malgastarlos.»

Permanecí en silencio durante unos instantes. Sin duda éste era un mandamiento muy apropiado para mí. Acababa de «malgastar» muchos momentos preciosos esperando una llamada de Joe. No quise ni pensar en la de veces que había hecho eso mismo a lo largo de los años con una lista interminable de hombres. Me había perdido un montón de puestas de sol y brisas veraniegas y había distraído mi atención de muchísimas cosas bellas que sucedían en torno a mí a cada momento. Si estas dos últimas semanas se convirtieran en momentos, probablemente habría cometido un pecado mortal.

—Intenta no pensar en función de pecados —oí que Joe me decía con dulzura en el oído—. Estás aquí para aprender, no para reconcomerte con el sufrimiento pasado. Olvida todo ese asunto del pecado. Ésa es otra de las exageraciones a las que me refería y que han deformado lo que yo intentaba decir hace tantos años. Olvídate de todo eso, limítate a vivir este preciso momento, e intenta amar lo que ves.

Charlamos un poco más y prometí a Joe que no me obsesionaría más con él. Estaba empezando a comprender lo que intentaba decirme. Era indiscutible que tenía sentido. Pero ejercitarme en la habilidad de vivir el momento era una tarea muy difícil para alguien como yo que quiere saber si alguna vez se casará o tendrá hijos o perderá cinco kilos o se comprará una casa o como mínimo un apartamento. Lo admito, pienso en el futuro. Siempre había pensado que ésa era la forma adecuada de vivir. Constituía mi idea de la responsabilidad. Pero si iba a empezar a vivir el momento, tendría que acometer una serie de cambios que parecían lejos de producirse.

—Puedes hacerlo —me tranquilizó la voz de Joe por el teléfono—. Pero tienes que empezar a practicar ahora mismo. En cuanto colguemos el teléfono, quiero que hagas una lista de cosas del mundo en las que no has reparado antes. No hace falta que sean importantes. Concéntrate en lo sencillo. Ya sabes, fenómenos cotidianos que tienes tendencia a dar por sentados y que has dejado de valorar. Luego quiero que riegues las plantas y pienses en el modo en que absorben el agua y cómo el agua las conserva verdes y flexibles. Trata de tomar nota de varios nuevos descubrimientos cada día, ponlos por escrito si crees que eso puede ayudarte, y yo te prometo que empezarás a notar cómo cambia tu vida. Quizá de un modo sutil, pero cambiará.

Mi mente ya había empezado a anticiparse a los acontecimientos. Me preguntaba si a partir de entonces sólo tendríamos contacto telefónico o si volvería a verlo en persona.

—Ya estás otra vez —me advirtió—. Proyectándote en el futuro.

—Bueno, todavía soy nueva en esto —dije un poco a la defensiva— y me va a hacer falta practicar mucho hasta que me acostumbre a esta rutina de vivir el momento.

—Quizá, pero es uno de los grandes regalos que puedes hacerte a ti misma.

—En ese caso —dije—, mejor cuelgo. Tengo mucho trabajo que hacer. Buenas noches, Joe.

Reconocí una sonrisa en su voz cuando me dijo:

—Todas las noches son buenas. Ya verás.

Oí el sonido del auricular que colgaba en el otro extremo y me senté inmóvil por unos minutos con el teléfono aún en la mano, incapaz de dejar de sonreír. Volví a colocarlo en su horquilla y fui a sacar mi regadera. La llené hasta el borde y empecé a regar el conjunto de plantas que descansaba en el suelo del balcón junto a las puertas correderas de vidrio. Observé que, de hecho, empezaban a verse más verdes y saludables.

Y por algún motivo, no me sorprendió.

En cuestión de días, las plantas empezaron a deleitarme con repentinos impulsos de crecimiento. Me maravillaba de sus frescos y vibrantes colores y de su renovado afán por crecer. Pronto iba a hacer falta trasplantar unas cuantas de ellas. En un destello de inspiración, comprendí que mis plantas únicamente eran un reflejo de mi persona. Porque lo cierto era que yo también me estaba llenando de colorido y de ansias de crecer.

Ésas fueron mis primeras anotaciones de las sensaciones nuevas que descubría a diario. Al principio, sólo intentaba fijarme en detalles sublimes, como los amaneceres y puestas de sol llenos de magia. Luego me percaté de cuánto más sencillo era apreciar las cosas más pequeñas, como el modo en que las gaviotas se sitúan al atardecer en la playa, en una misma dirección, para que el viento no les descomponga las plumas. Por primera vez desde que era niña, prestaba atención a la melodía animada de las cigarras en la quietud de la noche estival y me preguntaba cómo conseguían provocar aquel sonido. Estaba tan intrigada que tuve que hacer una visita a la biblioteca para enterarme.

Empecé a descubrir todo un nuevo mundo que se desarrollaba ante mis propios ojos. Un nido de jilguero en el árbol situado fuera de mi apartamento me impulsó a comprar alimento para pájaros y colgarlo del techo del balcón. Empecé a cocinar de vez en cuando en vez de salir disparada por la puerta en busca de una hamburguesa plastificada. A veces me levantaba bastante temprano para presenciar el momento en el que se atisbaba el primer destello de sol con su fulgurante color, por encima de la línea que delimita el óceano; por más que lo intenté, nunca logré ver el tan nombrado rayo verde que aparece justo unos segundos antes del amanecer. Tenía la impresión de que todos mis sentidos se agudizaban día a día y, pese a que vivía en una gran urbanización de apartamentos con modernas instalaciones, entre las que se incluían pistas de tenis, tintorería y una piscina tratada con cloro, lo que más reclamaba mi atención era la esencia de las lilas que crecían entre esta jungla de cemento.

Estudiaba cosas simples, como mis dedos y las puntas de mis pies, y me maravillaba de su destreza y las funciones que desempeñaban. Observaba atentamente los mecanismos de todos los sistemas corporales: respiratorio, circulatorio, cardiaco, digestivo, y no dejaba de asombrarme al comprobar la eficacia de nuestros órganos. ¿Cómo podía haberles hecho tan poco caso en al pasado? ¿Cómo podía nadie? Era como ser multimillonario sin darte cuenta de que lo eres. Pensé en cosas menos tangibles, como los ciclos del dormir, los sueños y la hibernación animal, y experimenté el descubrimiento de una nueva veneración por todas las cosas vivas.

En el trabajo, dedicaba tiempo a estudiar y apreciar la capacidad de mis pacientes para restablecerse, algo que me dio una lección de humildad. Los cambios de vendas de los pacientes en el período posoperatorio dejaron de ser rutinarios o aburridos. Me dejaba pasmada que un abdomen fuera cortado con el escalpelo un día y al siguiente la piel se hubiera cerrado sobre la herida. Empecé a contemplar estas recuperaciones como pequeños milagros en vez de como una aburrida y penosa rutina, y me sentí privilegiada por formar parte de todo ello. Sobre todo, comencé a apreciar y admirar la buena salud y el bienestar del que yo gozaba.

Mis prioridades estaban cambiando a un ritmo vertiginoso. Me costaba creer que hasta producirse este redescubrimiento de mi vida, pasara la mayor parte del tiempo libre curioseando por galerías comerciales y soñando con todas las preciosas cosas materiales que deseaba tener. En aquel momento me parecía inexplicable que hubiera pasado por alto tanto milagro y belleza «gratis» que rodeaban mi vida diaria.

De vez en cuando me encontraba a mí misma deseando que Joe llamara para compartir con él mis hallazgos, pero me recordaba enseguida el segundo mandamiento y concentraba mis esfuerzos de nuevo en el momento, y ponía todo mi empeño en que fuera lo más estimulante posible. A veces eso significaba oler las flores frescas que se habían convertido en un elemento permanente tanto en la lista de la compra como encima de la mesa de la cocina. Otras veces se trataba de poner los pies en alto y leer una revista o tomar una ducha con jabon aromático o escribir poesía. No es que mi vida fuera perfecta, ni pensarlo. El trabajo, la falta de vida afectiva y mi peso seguían sin entusiasmarme, pero mi potencial para ser feliz crecía y se desarrollaba a diario, al igual que el placer de buscar mecanismos en mi cerebro. Me volví más y más creativa y descubrí que era del todo posible disfrutar habitualmente de un día estupendo. Si se me agotaban las ideas no tenía más que sentarme quieta durante un momento (un milagro en sí mismo), cerrar los ojos y preguntarme qué era lo que más me apetecía hacer en aquel preciso instante.

Y puestos a pensar, lo que de verdad quería en este instante era un cucurucho de helado de chocolate... sumergido en ese chocolate caliente que se endurece con el contacto del helado. Oh, sí, eso era. Introduje los pies en las gastadas chancletas y me metí dos dólares en el fondo del bolsillo de mis pantalones cortos favoritos. Antes lo normal hubiera sido tener helado de chocolate en el congelador, pero eso se había acabado, y también conducir seis manzanas hasta la heladería más próxima. Ahora comprendía lo solitario y compulsivo que era estar sentada en mi apartamento engullendo lo que inevitablemente acababa siendo una tarrina de un cuarto de litro de helado, sin saborearlo tan siquiera, en un intento de llenar el vacío de mi vida. No sé muy bien por qué, pero ya no me sentía vacía, sólo me moría de ganas de comer un helado de chocolate. Y además, en esos días disfrutaba del paseo tanto como del cucurucho.

Una ráfaga de aire fresco formó un remolino a mi alrededor cuando abrí la puerta para entrar en la heladería. Añadí mentalmente a mi lista: qué bien sienta esa primera ráfaga de aire acondicionado en una bochornosa noche de verano. Me compré el cucurucho y lamí el goteo lácteo mientras examinaba el local en busca de un asiento.

Fue entonces cuando le descubrí.

Joe estaba sentado en el extremo más apartado. Tenía delante un *banana split* sin empezar y me sonreía con un gesto cómplice, como si llevara un rato esperando educadamente a que me uniera a él.

—Te estás volviendo bastante buena en esto —comentó mientras me acomodaba en la fría silla metálica situada al otro lado de la mesa. Sonreí y él continuó—: Hasta el momento has sido una alumna excelente, Christine.

—Gracias —murmuré yo, que en verdad estaba más interesada en el helado de chocolate que en cualquier cumplido.

Sin perder ni un segundo, Joe continuó:

—¿Sabes esas plantas de tu apartamento que tuviste que trasplantar?

Hice un gesto de asentimiento sin dejar de chupar las gotas que se escapaban del helado e intentaban escurrirse por un lado de mi cucurucho. No se me ocurrió preguntar cómo sabía que acababa de cambiar de maceta varias de mis plantas de rápido crecimiento. Supongo que empezaba a dar por sentado sus milagros.

—Pues bien, tienes mucho en común con ellas —siguió—. Pronto vamos a tener que trasplantarte. Hay que reconocer que estás creciendo a un ritmo mucho más rápido de lo que yo esperaba.

—¿Trasplantarme? —conseguí preguntar—. ¿A qué te refieres? ¿A trasladarme a una ciudad más grande? La verdad, Joe, no estoy preparada para eso. Estoy muy contenta aquí y...

—Nunca te obligaría a hacer nada —interrumpió—, pero no te engañes a ti misma: no estás tan contenta como dices.

—¿Entonces de qué hablas? ¿De que debería trasladarme o «trasplantarme» a algún otro sitio?

—Cálmate —se rió a la vez que cubría mi mano libre con la suya, más grande y cálida—. Nunca hagas nada que no desees de veras. —Se llevó con la cuchara un poco de nata batida a la boca y añadió—: Además, no me refería a eso.

—Bueno, pues ¿a qué te referías, Joe? La verdad, a veces me cuesta seguirte.

Hizo girar en su boca un pedazo de plátano bañado en helado y degustó el sabor y el frío que entumecía su lengua antes de permitir que se deslizara garganta abajo. No pude evitar pensar que estaba practicando mi segundo mandamiento, el de vivir el momento y disfrutar de todo. Aún no se había enterado de que ya era casi una experta en aquel tema.

Esbozó una sonrisa con la boca cerrada y supe que me leía el pensamiento una vez más. No iba a ser tan tonta como para interrumpir aquel momento, así que aguardé.

—Has estado haciendo los deberes —comentó por fin.

—Sí, pero ¿qué es todo ese asunto de «trasplantarme»? No me pongas más nerviosa —me daba cuenta de que estaba impacientándome pero la idea de desarraigarme hacía que me sintiera amenazada. Intuí que posponía la respuesta con el propósito de poner a prueba mi paciencia, así que esperé.

—Tienes que aprender a tener un poco de paciencia —dijo amable, sin dar muestras de recriminación—. Pero tal vez sea el momento para comunicarte tu tercer mandamiento, aunque te estás adelantando un poco al programa.

Me quedé callada y me concentré en apretar con la lengua el último trozo de helado hasta introducirlo en el fondo del cucurucho, para así poder mordisquear la parte inferior y absorberlo por allí, todo pegajoso y reblandecido, como recordaba haber hecho de niña. Sabía que Joe me enseñaría la siguiente lección en el momento oportuno. No era necesario pincharle.

Justo estaba llegando al final de mi viscoso invento cuando la voz de Joe pareció llenar la sala de un modo casi místico:

—«Cuida de ti misma ante todo y sobre todo. Pues tú eres yo y yo soy tú, y cuando cuidas de ti, cuidas de mí. Juntos, nos cuidamos el uno al otro.»

Me sentí un poco azorada al advertir que el hombre sentado a la mesa de al lado lanzaba una extraña mirada en nuestra dirección. La voz de Joe podía ser suave como el susurro de la brisa o vibrante como el despegue del Concorde, y toda la gama comprendida entre ambos sonidos. Aunque era evidente que el hombre de la mesa de al lado había oído nuestra conversación, Joe no le dio importancia:

—No te preocupes por él —sonrió—. Es uno de los que aún esperan mi visita. No está incluido en mi programa hasta la primavera del 98.

—De acuerdo, así que se supone que tengo que cuidar mucho de mí misma —resumí. Sabía que me tocaba recitar la lección.

—Ante todo y sobre todo —añadió Joe.

—Bueno, y ¿no crees que ya lo hago? Quiero decir que salgo a correr, intento comer bien, no fumo y...

—Y pasas cuarenta horas a la semana en un trabajo que crees que odias y el resto del tiempo que permaneces despierta lo dedicas a lamentarte de lo imperfecto que te parece tu cuerpo y lo sola que estás sin un hombre en tu vida.

—Oh. —¿Qué podía objetar? Tenía toda la razón del mundo—. Bien, ¿y cómo puedo arreglar alguna de esas cosas? —le pregunté haciéndome la santa—. Y, permíteme aclarar que no creo que odie mi trabajo: lo odio. ¡Trabaja tú el turno de noche y pásate los fines de semana currando y soportando a los médicos vanidosos, a ver si te gusta!

Sonrió con expresión amable, paciente y maliciosa... que cayó sobre mí como un cubo de agua fría.

—Te encanta tu trabajo —dijo con su acariciadora voz de brisa estival.

—¡Lo odio! —repliqué.

—Tu trabajo es parte de tu objetivo final aquí en la Tierra. Con eso no quiero decir que no sea agotador o frustrante pero, en esencia, te encanta.

—Lo odio.

—Te encanta. Pero te excedes. Lo que necesitas es dosificarlo.

—¿Insinúas que reduzca las horas de trabajo? —No podía creer que alguien sugiriera una cosa así, aunque tampoco sé por qué me parecía una idea tan peregrina.

—Precisamente.

—¿Y entonces qué propones para pagar las facturas? A menos, claro está, que hayas dado con un sistema de supervivencia que no incluya comida ni alojamiento.

—Piensa en lo que acabas de decir.

—¿Lo de sobrevivir?

—No. Lo de pagar las facturas. ¿Qué tipo de facturas? Piensa adónde va a parar la mayor parte de tu sueldo.

Me estaba crispando y se me notaba.

—Bien, está la frívola cuestión de pagar el alquiler cada mes —mi tono sonó sarcástico, que era lo que pretendía.

—Y ¿de verdad te hace falta vivir en esa jungla gigante de cemento que es tu urbanización de apartamentos? —objetó.

—Ofrece muchas ventajas —respondí un poco a la defensiva—. Tiene piscina, pista de tenis y servicio de tintorería.

—Intenta ser más franca, Christine. —Sus aterciopelados ojos marrones absorbían toda mi atención y, si todavía sostuviera un helado en las manos, con toda seguridad se habría derretido a causa del calor que emanaba de él—. ¿Cuál es el verdadero motivo de que vivas ahí? ¿Qué fue lo primero que te atrajo de esta urbanización?

Tenía que meditar la respuesta. ¿Adónde quería ir a parar? ¿Qué tenía de malo vivir en una agradable urbanización de apartamentos? ¿Ni siquiera me merecía eso? ¿Iba a decirme que no merecía llegar a casa y encontrarme un apartamento cómodo y práctico después de una dura jornada de trabajo? Bueno, si lo hacía, estaba dispuesta a romper relaciones con él en aquel mismo instante.

—Tu mente divaga, Christine. Intenta recordar el motivo que te impulsó en primer lugar a escoger esa urbanización.

—El conocer a tíos solteros —admití.

—¿Por qué?

—Para poder enamorarme y casarme con uno, si tanto te interesa.

—¿Y qué más? —preguntó sin hacer caso a mi creciente irritación.

—Y llevar tal vez una vida más cómoda, ya sabes, no tener que pagar tantas facturas yo sola. —En esta ocasión la respuesta me sorprendió a mí más que a él.

—Por fin un poco de sinceridad —dijo Joe mostrando cierto alivio en los ojos—. ¿No te das cuenta,

Christine, de que así no cuidas de ti misma? Tu vida sería mucho más gratificante si eliminaras obligaciones inútiles.

—Bien, da la casualidad de que tener un techo sobre la cabeza a mí me sirve de mucho.

—¿Cuándo utilizaste la pista de tenis por última vez? —preguntó en el mismo tono sereno.

Me temía que acabaría haciendo esa pregunta.

—No he jugado nunca —musité.

—¿Cuándo nadaste en la piscina por última vez? —No tenía piedad.

—Bueno, mmmmmm..., me gusta nadar pero...

—Pero no te gusta que se te moje el pelo —acabó la frase por mí—. Especialmente por el cloro y todo eso. Esas mechas rubias de cincuenta y dos dólares podrían quedarse anaranjadas, ¿me equivoco? Y luego está la cuestión de que te vean sin maquillaje.

—Bueno, ¿y qué esperabas? Hay tíos por ahí —respondí sin demasiada convicción.

—¿Y qué?

—Que no quiero que me vean así.

—¿Por qué no?

Vacilé. Aquello no sólo era humillante sino doloroso.

Los ojos de Joe me escudriñaban y me daban ánimo al mismo tiempo, y finalmente reuní el valor para responder con franqueza.

—Porque podrían pensar que soy un poco... y no

me invitarán a salir... y entonces acabaré siendo una pobre vieja solitaria.

Esperó un momento antes de añadir:

—... Que nunca va a nadar ni hace ninguna de las cosas que le apetecen porque los hombres podrían no aprobar su aspecto mientras las hace.

Ni yo misma lo hubiera expresado mejor. Bajé la vista y asentí.

Joe estiró el brazo desde el otro lado de la mesa y me levantó con dulzura la barbilla con dos largos dedos que me obligaron a mirar ese magnífico rostro mientras caía la bomba:

—Y entonces irías por ahí culpando de tu infelicidad a los hombres y su superficialidad.

Sabía que tenía razón pero veinte y pico años de tinte sobre mis espaldas no me permitían sucumbir sin librar una última batalla.

—Espera un momento —solté bruscamente—. De acuerdo, me gasto cincuenta y dos dólares de vez en cuando para que me pongan mechas rubias en el pelo, pero lo hago porque quiero. Y si da la casualidad de que a los hombres también les gusta, pues mejor. Pero lo hago porque así me siento guapa y eso me gusta.

—¿Te gusta estar sentada sudando junto a la piscina? ¿Intentando conseguir el moreno perfecto para poder atraer a un hombre? —lo que me arrojaba eran pelotas de béisbol.

—No me importa —dije, sin mucha convicción—. Sí. Quizás incluso me gusta —añadí para dar énfasis. Pero no servía de nada. Ambos sabíamos que estaba agotando los últimos cartuchos.

—Sí, es posible —respondió él evasivamente—. Pero quizá también te gustaría andar por la playa con el sol calentando tus hombros desnudos. Y tal vez los remolinos de oleaje salado alrededor de los tobillos te sentaran mejor que el agua clorada y tratada químicamente, en la que nunca te metes. Puede incluso que te apeteciera zambullirte en una ola o dejarte arrastrar hasta la orilla con una tabla de *bodysurf* en medio de la espuma blanca, o respirar el aire limpio del océano que sólo las gaviotas parecen apreciar últimamente. Quizá, sólo quizá, todo eso te gustara.

Joe meneó la cabeza con gesto derrotado y, de pronto, no pude soportar ver que desaparecía su actitud optimista que tan irritante llegaba a ser. Parecía un muchacho que ha comprado un maravilloso regalo de cumpleaños para alguien que luego no sabe apreciarlo. El mundo no había parado de rechazar sus regalos; regalos a los que él concedía un valor inmenso. Comprendí que le había ofendido al escoger placeres artificiales, hechos por el hombre, en vez de la maravillosa variedad de deleites que había puesto a mis pies. ¿Cómo podía haber sido tan insensible?

—Joe, no es que no me guste vivir en la playa

—intenté explicar—. Simplemente no puedo permitírmelo.

—Al estilo al que estás acostumbrada, quizá no.

—¿Adónde quieres ir a parar?

—Eso es lo que tú tienes que adivinar. —Debí de poner una expresión indescriptible, porque añadió—: Pero te daré una pista. ¿Lista?

Me alegró volver a percibir su optimismo de siempre. Torturarme con acertijos parecía un remedio magnífico para su abatimiento.

—¿Una pista? —pregunté—. ¿Sobre qué? Quieres trasplantarme, ¿verdad?

—B-11 —dijo como si eso pudiera tener algún sentido para mí.

—¿B-11? ¿Qué clase de pista es ésa? ¿B-11? ¿Qué es? ¿Algún tipo de aeroplano? ¿Una ametralladora o algo así? ¿Qué?

Se rió sin más y apuró lo que quedaba de su *banana split*. Hizo un gesto para señalar su Harley, que estaba aparcada al otro lado de la ventana junto a nuestra mesa, y dijo que se ofrecería a llevarme a casa pero que probablemente me sentaría mejor volver andando para poder pensar en todo lo que acabábamos de hablar.

Durante el trayecto de regreso, no pude pensar en otra cosa. Quizá fuera posible reducir mi jornada laboral. ¿A quién se le había ocurrido la idea de una semana laboral de cuarenta horas? ¿Dónde estaba escrito? Sólo porque cuarenta horas sea la norma no significa que haya que respetarla a rajatabla. Pensé en todas las cosas de mi vida que siempre había considerado necesarias, como las mechas rubias en el pelo, y decidí que seguramente sería mucho más barato vivir aceptándome tal y como era. Sí, ya lo creo que iba a reducir mi jornada en el hospital. Supuse que no implicaría tanto sacrificio, aunque no pude evitar una punzada de culpabilidad sólo con pensar que no trabajaría jornada completa. Quizá Joe tuviera razón. Casi siempre la tenía. Tal vez fuera capaz de aprender a disfrutar de mi trabajo si lo desempeñaba por horas. Había llegado el momento de empezar a cuidar de mí misma como era debido.

Para cuando llegué a la «jungla de cemento», había decidido que las mechas rubias, las pistas de tenis y las piscinas no me hacían ninguna falta. Lo que necesitaba era descubrir mi verdadera personalidad.

El diario vespertino estaba en el escalón de la puerta cuando llegué a mi apartamento. Lo arrojé descuidadamente sobre el sofá mientras me encaminaba al cuarto de baño.

Cuando volví, se había caído al suelo, pero la sección de anuncios clasificados permanecía sobre el sofá. La hojeé y un anuncio en el apartado de alquileres atrajo mi atención.

Casita 1.ª línea de playa: 1 dor. 1 baño.
Muy asequible. Urge alquilar de inmediato.
Tel. 555-7987.

Miré el número de la página y me quedé estupefacta.

Era el B-11.

En el trabajo, nadie dio muchas muestras de alegrarse cuando entregué la solicitud para cambiar mi condición laboral a la de empleada por horas. Todo el mundo me preguntó si había empezado a trabajar en otro sitio o si iba a volver a estudiar. Por lo visto, era un disparate que alguien quisiera disponer de más tiempo simplemente para disfrutar de la vida. Claro que seguían creyendo que la única manera de disfrutar de la vida era ganando todo el dinero posible y, ¿cómo podías conseguir eso trabajando por horas? Sin duda, iría de perlas que Joe se diera una vuelta por ahí. Intentaron incluso chantajearme enarbolando sentimientos de culpabilidad, pero puse todo mi empeño en que no lo consiguieran. Estaba decidida a cuidar de mí misma ante todo y sobre todo.

Había calculado que podría trabajar dos turnos semanales de doce horas y uno de ocho horas y seguir arreglándomelas con las facturas, siempre que redujera algunos de mis gastos. Estaba más que dispuesta a recortar un poco el presupuesto si aquello significaba más tiempo para explorar todos los nuevos aspectos de mi vida.

Hasta donde alcanzaba mi memoria, me había definido siempre por el trabajo que hacía. Cuando la gente preguntara, ¿qué haces?, quería tener una respuesta mejor que la de «soy enfermera». Era más que una enfermera, tenía que serlo. Era hora de descubrir qué más era. Joe me había incitado a pensar de un modo distinto, y yo confiaba en su criterio. No era feliz ni lo había sido durante mucho tiempo, aunque había estado demasiado ocupada para darme cuenta. Era el momento de descubrir quién era yo y qué era lo que de verdad quería.

Luego estaba la cuestión del apartamento. No podía creer que estuviera renunciando a mi rinconcito en la jungla de cemento para trasladarme a una casita aún más pequeña y menos moderna en la playa. Pero era cierto y nada iba a detenerme a estas alturas. Estaba fascinada por las cosas que Joe me enseñaba de mí misma y tenía que admitir que quizá mi estilo de vida y mis prioridades habían sido un poco superficiales. Cuando estás tan vacía y tan insatisfecha como yo lo estaba, no cuesta mucho aceptar riesgos. Si no hay nada que perder se toman decisiones intrépidas.

De nuevo habían pasado casi dos semanas sin tener noticias de Joe y me preguntaba si las apariciones quincenales iban a ser la pauta. Aunque también sabía que alguien como Joe jamás se dejaría regir por la rutina. Era un espíritu libre y al parecer tenía el poder de sacar a la superficie el espíritu libre que había en mí, un espíritu libre que yo ni siquiera sabía que poseía.

El primero de mes estaba ya en la «casa de la playa», como me gustaba llamarla, desempaquetando cajas de cartón. No podía imaginarme cómo iba a meter todo mi «arsenal» en la nueva vivienda pues ya había tenido problemas para acomodarlo en mi antiguo y más espacioso apartamento. No es que tuviera tantas cosas, pero por lo visto era más de lo que necesitaba el personal que decidía vivir en la playa. Y, por lo visto, la gente de la playa tampoco utilizaba armarios grandes. ¿Dónde diablos iba a poner toda mi ropa? Debía de haber perdido la cabeza al pensar que podría vivir aquí con comodidad.

Entonces fue cuando una voz encantadora llenó la habitación:

—El amor propio es la raíz de todos tus problemas. Renuncia al ego y dejarás sitio sólo a la felicidad... y quizá también a algunas de tus ropas —añadió jocoso.

No me hizo falta darme la vuelta para saber que Joe estaba detrás de mí, apoyado en la puerta abierta y sonriendo con esa sonrisa suya tan franca. Lo que me asombraba era el hecho de que sus apariciones no me sobresaltaran. No sé por qué, parecía del todo natural que surgiera de la nada y soltara alguna frase trascendental. Me preguntaba cómo lo hacía.

—Tu mente está divagando, Christine —esbozó una mueca desde su posición, con la silueta recortada contra la entrada.

—Lo sé. Pero es que eres una caja de sorpresas —me defendí.

—¿Llamas a esto una sorpresa? —me tomó el pelo—. Aún no has visto nada.

—Bueno, ¿sabes algún truco para hacer que dos metros cuadrados de ropa quepan en un metro cuadrado de armario?

No me sorprendí lo más mínimo cuando dijo.

—Claro que sí.

Cruzó hasta llegar a la cama, sobre la que había una enorme pila de ropa, y empezó a seleccionar entre el montón. En otras circunstancias me hubiera sentido un poco turbada, un poco cohibida, de que un hombre enredara entre mis cosas de ese modo, pero Joe no era un hombre normal. Sostuvo un par de viejos vaqueros ante mí. Los había comprado hacía dos años tras someterme a una dieta intensiva con la que perdí siete kilos. Los lucí durante un par de semanas. Desde aquella fecha no me los había puesto.

—No te hacen falta —dijo con amabilidad mientras se disponía a tirar los vaqueros al suelo, a lo que iba a ser la pila de «eliminar».

—Espera —exigí—. ¡Ésos son unos vaqueros buenísimos! De acuerdo, tal vez ahora no me entren, pero algún día me servirán.

—¿Cuándo? —su tono no denotaba crítica alguna, tan sólo sinceridad.

—Cuando vuelva a ponerme a dieta —fue mi respuesa perfectamente lógica.

Dejó caer los vaqueros al suelo.

—Las dietas no funcionan —dijo—. ¿No lo sabes a estas alturas?

A continuación cogió el vestido turquesa sin tirantes que había llevado a la boda de mi primo hacía tres años. Oh, qué recuerdos me traía ese vestido. Aquella noche había conocido a un amigo del novio e hicimos muy buenas migas. Habíamos bebido champaña y nos pasamos toda la noche bailando. Me hice muchas ilusiones con él y durante un tiempo se hicieron realidad hasta la noche en que me salió con el consabido discurso de «no pienso casarme nunca» que ya había oído de la lista interminable de perdedores que habían pasado por mi vida. Al principio intenté convencerme de que sólo lo decía porque aún no había encontrado a la persona adecuada: no me había encontrado a mí. Hicieron falta dos años de penalidades para comprender por fin que hablaba en serio.

—¿Cuándo te lo pusiste por última vez? —Preguntó Joe.

—Hace tres años —musité mientras él lo sostenía vacilante sobre la pila de «eliminar»—. Pero me trae tan buenos recuerdos —supliqué a la vez que él lo dejaba caer encima de los vaqueros de la talla treinta y ocho.

—Los recuerdos no te sientan bien —recalcó mientras se le formaban unos pliegues en los extremos de los ojos y su hermosa boca se curvaba formando una sonrisa afable, casi burlona.

El resto de la mañana transcurrió conmigo defendiendo todas y cada una de las prendas que al final fueron a parar a la pila de desecho. Cuando acabamos, sólo quedaron mis vaqueros más cómodos, varias camisetas, unos pocos pares de pantalones cortos y un par de uniformes de trabajo. Joe sonreía con orgullo cuando cerró la puerta del armario en el que aún quedaba espacio libre, mientras yo contemplaba con disgusto la pila de prendas descartadas que se hallaba en el suelo. Aunque lo que Joe había salvado era, por supuesto, lo único que yo me ponía, por algún motivo me sentía despojada.

—Despídete de esa ropa, Christine —dijo Joe con una leve insinuación de sonrisa, dispuesto a recogerla en un brazo y tirarla dentro de una bolsa gigante de plástico para la basura.

—Adiós —dije a las prendas que habían formado parte de mi identidad, de mi psique—. ¿Y qué hacemos ahora? —pregunté aunque no tenía verdadero interés en saber la respuesta—. ¿Se las llevamos al Ejército de Salvación?

—Si quieres... —respondió Joe un poco distraído. Ya había empezado a examinar mi caja de cintas y CDs.

—¿Si quiero? —pregunté un poco extrañada—. Esperaba una respuesta diferente de Dios o del Ser Espiritual o de lo que seas. Pensaba que te correspondía a ti fomentar los donativos de caridad. Ya sabes, regalos para los pobres.

—Ya te has hecho un donativo a ti misma al deshacerte de buena parte de tu antigua identidad. Tú misma se la has entregado a los pobres: a los pobres de espíritu. Cualquier cosa que hagas ahora con esas ropas es superflua.

Realizamos un repaso parecido a mis cintas, libros y otras pertenencias, y descartamos las cosas que ni había mirado en años, pero que por algún motivo absurdo me sentía obligada a retener. Joe me hizo ver que a veces te haces demasiado mayor para cierta música o ciertos libros que hay que dejar atrás; y tuve que admitir de mala gana que estaba en lo cierto.

Por fin, todo quedó recogido y el lugar apareció limpio y en orden. De hecho, estaba demasiado pulcro para mi gusto. Me sentí un poco deprimida.

—No estés triste, Christine —dijo Joe en tono consolador—. Ahora te queda espacio para crecer. Ahora hay espacio para la nueva Christine.

—Me gustaba la antigua.

—No, no te gustaba. Has pasado mucho tiempo sintiéndote infeliz y vacía. Creías que encontrarías la felicidad en llenar tu tiempo y tu vida de cosas materiales, pero no ha funcionado, ¿o sí?

—Supongo que no —no se podía negar que su punto de vista era razonable.

—Todo esto no es más que un ejercicio de preparación de cara a descubrir quién eres realmente y qué es lo que de verdad te hace feliz. Tendrías que estar más ilusionada. Por fin estás a punto de empezar a vivir.

No estaba muy convencida. Quería seguir creyendo que aquellos vaqueros talla treinta y ocho me entrarían otra vez y que volvería a bailar entre burbujas de champaña con aquel vestido sin tirantes. Sobre todo, quería creer que iba a enamorarme de nuevo, pero el sonido de la risa de Joe me devolvió al momento presente.

—Eres un hueso duro de roer —exclamó bromeando—, pero no te preocupes. No me iré hasta que te haya convencido de que existen caminos mejores.

—Tengo hambre —dije—. Vamos a comer algo.

Pensé en lo raro que resultaba que fuera yo quien sugiriera a un hombre que fuéramos a comer. En circunstancias normales esperaría a que él lo propusiera, para no dar la impresión de estar demasiado interesada. Pero Joe era diferente. Aparte, me sentía a gusto con él y desde luego no había necesidad de fingir con un hombre que podía oír mis pensamientos y que acababa de ayudarme a ordenar mi cajón de ropa interior.

—Es tu alma la que tiene hambre —dijo—, no tu

estómago. Pero vayamos de todos modos. Te sentará bien salir a tomar el aire.

Como de costumbre, tenía razón. Mi estómago no estaba hambriento pero todo mi ser anhelaba algo que difícilmente se ofrecería en un menú. Mi alma, como había dicho él, presentaba síntomas de desnutrición.

Salí detrás de él y le seguí hasta su moto, que estaba aparcada en el callejón que separaba mi casita de la playa de los demás edificios. El aire salado del mar invadió mi nariz y me sentí mejor casi al instante. Como una experimentada motera, esperé a que Joe diera al pedal de arranque de la Harley para subirme detrás de él. Pasé una pierna sobre el liso asiento de cuero y apoyé el pie en el soporte lateral, con cuidado de evitar el ardiente calor del tubo de escape.

Joe se volvió para echarme una mirada y sonrió con satisfacción mientras aceleraba el motor.

—Ya veo que no eres una novata en esto —dijo con un tono cercano a la admiración—. Mira por dónde, quizá no tenga que enseñártelo todo...

Yo sonreía complacida sin decir palabra mientras acababa de ajustarme la correa del casco que me había dejado. Rodeé su estrecho talle con mis brazos y enlacé las manos sobre su estómago plano mientras él soltaba el embrague y salíamos disparados entre gravilla voladora y el ruido estridente de un motor de 1.340 cc.

Como bien sabe cualquier motorista experimentado, el pasajero debe depositar toda su confianza en el conductor y los dos cuerpos deben viajar como si fueran uno. Había tenido un montón de novios que siempre me habían criticado por no ser capaz de dejar en sus manos la responsabilidad de conducir. Siempre protestaban porque me resistía demasiado y notaban cómo tiraba hacia el lado contrario en un intento por hacer contrapeso, mientras girábamos esquinas y doblábamos curvas por carreteras sinuosas. Quizá tuvieran razón. Nunca fui capaz de relajarme y confiar plenamente en su capacidad. Por más que insistieran en que me tranquilizara, permanecía vigilante en todo momento.

Puestos a pensar en ello, tal vez haya hecho lo mismo en mis relaciones personales. Siempre me había dado miedo perder el control, aunque sólo se tratara de un paseo en moto. Pero esta vez no iba a cometer ese error. Esta vez era diferente. Sí que confiaba en Joe y se lo iba a demostrar.

Cerré los ojos y me pegué más a él, con el rostro apretado contra la suavidad de su camiseta desgastada. Ir en moto con Joe era como bailar con una diestra pareja de baile, el tipo de pareja que consigue que una novata parezca una experta, con sólo relajarse y dejarse llevar. Joe me hacía quedar como una experta «chica Harley». Tuve que reprimir una carcajada, al pensar en ello: ojalá alguien me viera entonces.

Joe debió de percibir mi risa contenida contra su

espalda porque echó una ojeada por encima del hombro y me sonrió.

—Me alegro de que te diviertas —gritó al viento, y yo noté cómo se doblaban los duros músculos de su estómago al girarse y hablar. No ponía en duda la capacidad de Joe para controlar la imponente máquina que nos llevaba hacia nuestro destino, ni sentía ningún deseo de interferir. Estudié la masa de cabello brillante y liso que caía por debajo de su casco y apreté la nariz para perderme en la fragancia del pelo recién lavado. Era como si de pronto todos mis sentidos salieran de su período de hibernación. Ningún detalle, por diminuto que fuera, se me pasaba por alto. Estaba el sol que relumbraba contra sus Ray Ban y las pequeñas líneas que formaban los ojos al entrecerrarse para protegerse del viento y la luz del sol. Estudié la insinuación de vello negro que empezaba a crecer en la barba, pese a estar recién afeitado. Cerré los ojos otra vez y gocé del sol que nos calentaba y del viento que nos refrescaba. Estar así con Joe era como estar en un pedacito de paraíso.

Noté que la moto daba un brusco giro y aminoraba la marcha hasta detenerse. Al parecer ya habíamos llegado, a donde fuera que tuviéramos que llegar. Me traía sin cuidado si se trataba del mismísimo Waldorf Palace. Lo único que sabía era que quería que el paseo no acabara nunca, pero Joe estaba acelerando el motor otra vez como señal de que tenía que bajarme. Observé cómo aparcaba y bajaba el pedal mientras yo me quitaba el casco e intentaba ahuecarme el pelo que se había quedado pegado. Joe se rió de mi gesto típicamente femenino y dijo:

—Los viejos hábitos nunca se abandonan... —mientras ambos colgábamos nuestros cascos del manillar.

Se acercó a mí con mucha calma y me pasó como al descuido un brazo protector por los hombros mientras empezábamos a subir las escaleras de entrada al «Surf: Chiringuito-Parrilla».

—Estás demostrando unas cualidades excelentes para disfrutar del momento presente —comentó mientras me guiaba por una puerta y a continuación por otra que llevaba a un patio exterior. El mobiliario de mimbre blanco quedaba realzado por unas sombrillas playeras de exagerado tamaño y vivos colores. Escogimos una mesa en el extremo más alejado del patio, junto a la valla pintada también de blanco.

—Pero no te aferres demasiado a esos momentos o te quedarás estancada en ellos y te perderás los siguientes —concluyó mientras me ofrecía una silla. Para él era fácil decirlo.

El patio daba a una franja ondulante de playa llena de dunas y gaviotas y me pregunté cómo no había descubierto antes este lugar. Joe tenía razón. Ahí tenía otro momento sumamente deleitable, que no me hubiera gustado perderme por nada del mundo. Entonces, de modo inesperado, recordé algo que Joe había dicho por la mañana mientras yo me debatía en el dilema de mi restringido armario. Era algo relativo al ego y a que éste era la raíz de todos mis problemas. Aparté la vista de la playa serena y me topé con sus ojos castaños que parecían aguardar mi pregunta.

—¿Qué fue lo primero que dijiste esta mañana cuando apareciste en la casa de la playa? —pregunté—. Algo acerca de mi ego —añadí esforzándome por recordar.

Joe sonrió con su habitual franqueza y dijo:

—Pensaba que no lo ibas a preguntar nunca.

—Dímelo, Joe —imploré—. Es algo que de verdad quiero aprender —agregué con cierta impaciencia, aunque no tenía la menor idea de qué trataba la nueva lección.

—De acuerdo —accedió—, pero, por favor, comprende que tu impaciencia te está privando del placer de deducir poco a poco la respuesta.

—¿Qué?

—No importa. Tu mente todavía no está lo bastante disciplinada como para asimilar ese concepto. Mejor será que vayamos al grano lo antes posible.

—¿Qué concepto? —quise saber. No quería perderme ni un detalle de sus enseñanzas, pero hablar con Joe a veces suponía una sobrecarga de atención.

—El referente a buscar en la vida las respuestas —contestó imperturbable—. Pero como ya he dicho, aún no estás lista para eso. Hablemos primero del amor propio. Éste es la raíz de todos tus problemas. ¿Entiendes?

—En cierta forma —dije cautelosa. El orgullo me impedía reconocer abiertamente que no tenía la menor idea de lo que estaba hablando.

—Tu amor propio te está ocasionando problemas ahora mismo —me dijo cariñoso—. Estás excesivamente dominada por tu amor propio como para confesarme que no entiendes de qué estoy hablando. La verdad, Christine, ¿qué posibilidad hay de que nos comuniquemos si no eres perfectamente honesta conmigo?

—Pues creo que estoy siendo bastante honesta —contesté poniendo mala cara.

Joe no se dejó engañar ni por un segundo.

—No se puede ser «bastante» honesta. O lo eres o no lo eres.

Había llegado el momento de demostrar un poco de humildad.

—De acuerdo —reconocí—. No tengo ni la más remota idea de lo que estás hablando.

Y de repente entendí a la perfección. Mi amor propio había estado interponiéndose en mi desarrollo sin yo advertirlo.

El rostro de Joe se enterneció de forma paulatina

con una sonrisa y una vez más admiré lo perfectos que eran sus dientes.

—Eso está muy bien, Christine, veo que ya le vas cogiendo el tranquillo. Pero no te dejes distraer por detalles superficiales como tu percepción de una dentadura perfecta. Concéntrate en la lección que tenemos entre manos.

—Lo siento —dije. Su capacidad para oír mis pensamientos había dejado de asombrarme—. Es sólo que siempre he estado un poco obsesionada con mis dientes torcidos. —Advertí una insinuación de ceño fruncido en el rostro de Joe y decidí dejar aquel tema de las dentaduras que no venía a cuento—. Déjame pensar —dije adoptando un tono trascendental—, si el ego es la raíz de todos mis problemas... pero resulta que no me considero unaególatra, entonces no es de extrañar que siga hecha un lío. Pero Joe, dime, ¿en qué soyególatra? Al margen de pasarme de lista contigo para que no me tomaras por una pava que no entiende lo que intentas enseñarme.

—Ese ejemplo encierra una lección importante —advirtió—. No lo descartes tan rápido.

Mis pensamientos quedaron interrumpidos por la aparición de una camarera muy bronceada y de largas piernas. Llevaba unos pantalones cortos blancos que resaltaban el moreno de sus magníficas piernas y un corpiño escotado que apenas cubría lo que había debajo. Sonrió a Joe y yo procuré no darme por enterada de que su dentadura también era perfecta. Sin apartar los ojos de Joe, nos preguntó si ya habíamos decidido qué pedir. No me gustó el modo en que él le sonreía ni la manera en que la chica continuaba mirándole fijamente mientras yo pedía mi bocata de pan de centeno con beicon, lechuga y tomate, y un poco untado de mayonesa.

No me preguntó qué quería beber pero sí tomó puntual nota de todas las peticiones de Joe que eligió una hamburguesa con queso, patatas y Coca-Cola. No me gustó ni pizca.

Joe contempló a la cimbreña camarera mientras ésta regresaba meneando el trasero hasta la cocina con nuestra nota. Finalmente volvió su bello rostro moreno hacia mí y me preguntó sin inmutarse:

—Y bien, ¿qué opinas?

—Creo que va de culo por ti —contesté—. Y también que tendría que aprender modales —añadí sin poder contenerme.

—No qué opinas de ella —se rió—. ¿Qué opinas de ti?

Aquello sí que me puso en evidencia. ¡Estaba celosa! Y el único culpable de ese sentimiento mezquino era mi ego inestable.

—Supongo que sí que soy una ególatra —dije no sin cierto asombro, aún inquieta por esa faceta poco conocida de mí misma.

—No te preocupes —dijo Joe con ternura mientras cubría mis manos entrelazadas con las suyas—. La parte más difícil es admitirlo. Luego todo resulta más sencillo. —Entonces sus aterciopelados ojos castaños adquirieron un brillo irónico para añadir—: Me pediste otro ejemplo, ¿no?

No me lo podía creer. Joe había conjurado todo el incidente del coqueteo con la camarera sólo para ofrecerme otro ejemplo de mi incontenible ego. ¿No había límites al poder de este hombre?

—Mis poderes tal vez te parezcan ilimitados —explicó—, pero para los seres espirituales como yo esto no es más que un juego de niños.

—Así que, aparte del asunto ese del ego —dije con aire pensativo—, la lección en este caso sería que si no me empeñara tanto en ser la niña de tus ojos, no tendrías posibilidad de herirme, ¿no es eso?

—Algo así —dijo con un gesto de asentimiento—. Lo esencial es ser honesto con uno mismo, para que nadie ni nada te intimide.

—Eso parece una instrucción un poco excesiva para mi nivel —respondí, un poco abrumada por todo lo que aún me quedaba por aprender.

Se inclinó hacia adelante y su mirada reflejó una intensidad que no había visto antes.

—Christine, cuando sepas con exactitud quién y qué eres, con todos tus defectos y cualidades, entonces no tendrás que gastar tiempo y energía tratando de ser distinta. —Hizo una pausa lo suficientemente larga para asegurarse que yo digería lo que decía—. Y el siguiente paso será aceptar tus defectos y ahondar en tus virtudes, y amar todo lo que constituye tu persona. —Permaneció en silencio otro momento antes de concluir—: Igual que yo te amo —dijo, con una amable sonrisa dibujada en los labios y los ojos caoba resplandecientes de sinceridad.

Tragué saliva incapaz de emitir ningún otro sonido. ¿Joe me amaba? ¿Era posible? Naturalmente que sí. Joe no mentiría. No iba a gastar tiempo y energía en mentir, a diferencia de la mayoría de tíos que yo conocía.

Lo que no entendía era por qué Joe había dicho que me quería si antes había dicho que el amor romántico no se produciría hasta pasado un tiempo y que no sucedería con él. Bien, quizás había cambiado de opinión. Ya había cambiado de parecer sobre un montón de cosas más, como había sucedido con su enfoque de los Diez Mandamientos, así que, ¿por qué no podía ocurrir lo mismo en su relación conmigo?

Estudié el rostro de aquel hombre que decía quererme en busca de mentiras, pero con la esperanza de encontrar la verdad. El cielo se había vuelto naranja con el resplandor de la inminente puesta de sol y teñía el rostro tostado de Joe de una luz similar al brillo irreal de una película.

—Esto no es una película, Christine —dijo y fijó su mirada en la mía—. Tú estás igual de hermosa bajo esta suave luz. Porque tú eres yo. Y, por supuesto, yo soy tú.

—Pe... pero dijiste que no debía enamorarme de ti —dije sin comprender nada.

—Es verdad —respondió, disparando una flecha envenenada directamente a mi corazón—. Pero eso no significa que no debas quererme. Del modo más puro, más natural —añadió—. Del modo que yo te quiero.

La flecha envenenada quedó neutralizada y los fuegos artificiales volvieron a hacer explosión en mi corazón. Ahora entendía. Esto era el verdadero amor, la clase de amor que siempre había estado buscando y que había estado en mí misma durante todo ese tiempo. Aquella revelación empezó a precipitarse por todo mi cuerpo como un bolo de epinefrina inyectado a través de un tubo intravenoso. ¡Tantas penalidades! ¡Tanto amor no correspondido en relaciones anteriores! Lo absurdo de todo aquello se extendía ante mi vista con absoluta claridad. Lo único que tenía que hacer era verme a mí misma tal y como era, quererme por lo que era, y luego simplemente compartir ese amor. Que me correspondieran o no, poco importaba. Lo que contaba era permitirme sentir algo muy auténtico, querer de verdad sin necesidad de recibir algo a cambio. ¿Por qué no lo había comprendido años atrás? ¡Cuánto dolor me hubiera ahorrado!

Joe me apretó las manos con más fuerza y dijo:

—¿Ves?, desde el principio era tu amor propio lo que te impedía amar. No querías dar nada a menos que te garantizaran algo a cambio. Aún no sabías que el verdadero placer está en dar.

—Pero ¿qué me dices de la gente que se aprovecha de eso? —quise saber—. ¿De la gente codiciosa que toma todo lo que tú tienes para ofrecer pero que nunca devuelve nada? —confiaba en Joe con toda mi alma pero, en lo que a los demás miembros de su sexo se refería, seguían inspirándome serias dudas.

—No pueden aprovecharse de algo que tú no les das —contestó—. Dales tu amor pero no les entregues tu persona. Eso sólo te pertenece a ti.

Conforme. Eso tenía sentido. Pero aún no estaba satisfecha. Al fin y al cabo, ¿no era en eso en lo que consistía el matrimonio? ¿En darse completamente a alguien? ¿Acaso insinuaba Joe que el matrimonio no era del todo válido? Desde luego las estadísticas le respaldaban.

Como era de esperar, oyó mis pensamientos. Soltó mis manos, se echó hacia atrás en la silla y me estudió desde el otro lado de la mesa, sin prestar la más mínima atención a la hamburguesa con queso que la camarera acababa de dejar delante de él.

—El matrimonio es válido, Christine —dijo con

expresión grave—. No tardarás en descubrirlo. Pero sólo funciona entre dos personas que han aniquilado sus propios dragones y que entienden que el verdadero amor es el que crece en un corazón que ha sido fertilizado con las semillas del conocimiento de uno mismo, en un corazón que es lo bastante fuerte como para ser coherente con esa identidad propia tan difícil de aceptar.

Sonaba perfectamente razonable. No era de extrañar que mis historias jamás hubieran funcionado. Las había utilizado como una solución para salir del paso; un parche con el que posponer el duro esfuerzo que en realidad tenía que hacer. Lo que de veras me había hecho falta durante todos aquellos años era el valor necesario para mirarme a mí misma con honestidad. Y, por supuesto, eso hubiera requerido renunciar a mi amor propio.

Joe tenía su vista fija en mí cuando por fin salí de aquel estado de ofuscamiento. El resplandor naranja de la puesta de sol se había intensificado y lo envolvía todo de aquellas sombras tamizadas con los colores fulgurantes del atardecer. La arena, el cielo e incluso las olas del mar que lamían suavemente la apretada arena de la marea baja estaban bañados por aquellos colores apagados del sol mortecino. Joe contemplaba el espectáculo de luz con orgullo mientras esperaba pacientemente la pregunta que sabía que me bullía en el cerebro.

—¿De verdad hay hombres por ahí que entienden el verdadero significado del amor? —interrogué, convencida de la imposibilidad de que los hubiera.

No en balde había salido con una cantidad nada despreciable de tipos, y ninguno de ellos había hecho la menor alusión al respecto.

—Algunos —reconoció Joe.

—¿Algunos? ¿Cuántos? ¿Dónde puedo encontrar a uno? —de repente estaba emocionada. Tenía que encontrar a uno. El tiempo iba corriendo.

—Para el carro —Joe soltó una risita—. Tengo que admitir que hay más mujeres que hombres que entienden el concepto del verdadero amor. Las mujeres son más perceptivas en ese aspecto. Pero también existen algunos hombres que lo comprenden.

—¿Y quiénes son? —pregunté con entusiasmo.

Joe meneó la cabeza divertido. Volvió a colocarse el plato delante y empezó a devorar la hamburguesa ya fría. Comerme mi bocata frío era lo último que me apetecía, pero había aprendido que no había que azuzar a Joe cuando estaba a punto de enseñarme algo.

—Están en todas partes —respondió por fin.

—¿Podrías ser más concreto? —rogué—. ¿Hay alguno en este restaurante ahora mismo? —me moría de curiosidad y empecé a inspeccionar a los clientes que formaban la pequeña y despreocupada comunidad playera.

—Pues... —respondió sin levantar la vista de su hamburguesa.

—Y bien, ¿quién es?, ¿cómo le abordo? —estaba impaciente por recuperar el tiempo perdido.

Joe se limpió con delicadeza las comisuras de su boca bien perfilada con la punta de la servilleta, mientras yo me subía por las paredes de impaciencia.

—No tienes que abordarle —respondio finalmente—. Es más complicado que eso.

—Pues entonces, ¿cómo puedo conocerle?

—Atrayéndole. Es mucho más efectivo que abordarle.

—Pero me hiciste tirar mi ropa más seductora —gimoteé. Odio mis gemidos.

—Ésa no es la manera —sonrió con presunción mientras continuaba comiendo aquella maldita hamburguesa—. Tu ego se está interponiendo otra vez.

Demonios. Tenía razón, como siempre. ¿Es que no iba a aprender nunca?

—Está bien. Si no puedo estimular sus hormonas, ¿a qué recurro para que se fije en mí?

Antes de que acabara de formular la pregunta comprendí la respuesta, pero Joe se adelantó.

—Tienes que actuar de corazón —dijo—. Sé tú misma, sin más. Utiliza tu verdadera personalidad. Empieza por las cosas con las que de verdad disfrutas, hazlas cada día, varias veces al día si te apetece.

Ponte la ropa con la que te sientes más a gusto, sé más tú misma. Escucha la clase de música que de verdad te conmueve. Confía en que tu cuerpo te diga qué comer en vez de seguir una dieta demencial. Finalmente, un hombre de espíritu comprensivo captará todas las vibraciones que emanan de tu espíritu rebosante y ¡BAM!... ahí lo tendrás, no se sabe cómo, en la puerta de tu casa. Es así de simple.

—Pero y él, ¿cómo me encuentra? —no podía dejarlo todo al azar.

—Eso lo tiene que discurrir él. No te hace falta dedicar tu tiempo a aprender lo que necesitan otras especies para sobrevivir. Limítate a concentrarte en tu propia supervivencia y el resto encontrará el lugar que le corresponde. —Captó mi mirada titubeante y añadió—: Te lo prometo.

Aquella noche, cuando por fin me deslicé entre las sábanas, todo lo que Joe me había enseñado daba vueltas en mi cabeza.

No quería olvidar ni el más mínimo detalle de nuestra lección del día, así que decidí poner por escrito en mi diario la esencia de nuestra conversación. No quería confiar a mi memoria algo tan importante.

Salté de la cama y me senté ante la mesa, encajada en un rincón de mi reducido dormitorio. Mientras el océano entonaba su arrullo consolador desde el otro lado de la ventana y la luna vertía un resplandor iridiscente sobre el papel, escribí:

RENUNCIA AL EGO. MUÉSTRATE TAL Y COMO ERES. Y NO PIERDAS DE VISTA LO QUE SUCEDE.

En los días siguientes sucedió una cosa curiosa. Observé que empezaba a disfrutar con mi trabajo. Incluso me descubrí sonriendo de tanto en tanto, algo que me desconcertó a mí más que a nadie. En el pasado, mi profesión había constituido un estímulo unas veces y otras un gran incentivo, pero por lo que recordaba nunca había disfrutado con él. Creía que la diversión estaba reñida con el deber. Pero desde el momento en que reduje mi jornada laboral (por no hablar de mis ingresos) no me sentía tan consumida por el trabajo como antes. Mi profesión se había convertido en una parcela más de mi nueva y cada vez más interesante vida. O quizás era yo la que me iba volviendo más interesante.

Aprender a renunciar al amor propio en mi vida cotidiana resultó ser la lección más importante. No sabía muy bien cómo, pero me había quitado la venda y el mundo que me rodeaba se convirtió en un lugar fascinante. Había dejado de considerar mi aspecto físico o mi imagen como el centro del universo. En su lugar, empecé a sentir curiosidad por lo que encontraba la gente que inspeccionaba la playa con detectores de metal. Examinaba las capturas de los pescadores y reparé en el modo en que las gaviotas abren almejas para dejarlas caer más tarde sobre las rocas. En lugar de leer revistas para mujeres con interminables artículos sobre cómo estar bella y sexy, leía diarios y me interesaba por los acontecimientos mundiales. Me sentía bella y sexy simplemente por el hecho de existir. Y lo más sorprendente de todo: era capaz de pasar por delante de un espejo sin necesidad de comprobar que iba bien arreglada. No necesitaba hacerme más reproches. Estaba demasiado ocupada buscando maneras de disfrutar.

Uno de mis últimos descubrimientos fue la música de saxofón de un músico local llamado Jim Ma Guire. Oí por casualidad su último CD, no demasiado conocido, mientras curioseaba en una tienda de música del paseo marítimo durante mi abundante y recién adquirido tiempo libre. Mi intención era comprar algo de rock suave, al estilo Kenny Loggins o Carly Simon, pero las notas arrebatadoras de aquel saxofón viajaron por el aire a través de los altavoces y me hipnotizaron. Algo de aquella música me llegó hasta el fondo del corazón y lo derritió. Me entraron deseos de bailar y fluir como un arroyo escondido en la montaña.

Estoy segura de que cuando le pregunté a la joven

dependienta dónde podía encontrar aquel CD que estaba sonando, me clasificó al instante como una vieja carroza o una chiflada. No me importaba lo más mínimo. Ese tipo de cosas habían dejado de molestarme desde que había aprendido a dejar a un lado mi ego. No me preocupaba cómo me clasificaban los demás, y aquélla era una sensación maravillosa. Me moría de ganas por regresar a casa para poder estar a mis anchas y bailar en privado al ritmo de la música. Ni siquiera me importaba si la canción que había oído era la única que valía la pena de todo el CD.

De camino a casa, me detuve en la tienda de comestibles al recordar que mi frigorífico estaba prácticamente vacío. Me divertía constatar lo poco meticulosa que me había vuelto últimamente. En los viejos tiempos, antes de que Joe reavivara mi existencia, trabajaba cuarenta horas a la semana y había asignado la tarde del lunes para hacer la compra y la del jueves para poner la lavadora. Jamás hubiera permitido que el frigorífico se quedara vacío o que la ropa sucia se acumulara, pero ese tipo de cosas habían sido relegadas a un segundo plano. Pasaba menos tiempo en el hospital o dedicada a las tareas domésticas y ocupaba las horas en descubrir el mundo que me rodeaba. A veces, me quedaba pasmada al darme cuenta de que me había olvidado de comer, algo que antes ni siquiera hubiera soñado.

Cerré la puerta de una patada cuando entré en mi

pequeña casa de la playa con los brazos llenos de bolsas de comida. Primero de todo, saqué el compact de Jim Ma Guire y me apresuré a ponerlo, antes incluso de guardar el yogur helado. Estaba claro que sabía cuáles eran mis prioridades. Me deslicé suavemente sobre las puntas de los pies siguiendo el compás de aquella melodía relajante, mientras cogía una ensalada variada ya preparada que había comprado. Nunca antes había sido una entusiasta de las verduras pero, por algún motivo, se me estaban despertando todo tipo de extraños apetitos. En circunstancias normales, me preparaba ensaladas sólo cuando había decidido castigarme por sobrepasar en algunos kilos mi peso ideal, pero en aquel instante me apetecía de verdad una ensalada. Nunca antes me había sucedido pero, por cómo me quedaban mis pantalones de deporte *Racer Red*, daba la impresión de que había perdido algún kilito sin ni siquiera darme cuenta. Y eso sí que resultaba insólito en mí.

Encendí dos velas con aroma a vainilla que había comprado en la tienda y me serví una copa de Chardonnay, que no llegué a beber. Cerré los ojos, entrelacé ambos brazos alrededor de mi cuerpo y me embebí de la música de Jim Ma Guire en lugar del vino. Me mecí a discreción al principio, meneándome y bailando al ritmo de la melodía que afluía como el sol de verano a las cavernas sombrías de mi corazón. Estaba completamente entregada al placer de mi propia compañía y, cuando Jim Ma Guire llevó su instrumento hasta una aguda nota casi imposible, pasé formando remolinos junto al sofá cama... y fui a parar a un par de brazos bronceados y musculosos.

—Joe —murmuré, con los ojos aún cerrados, en absoluto sorprendida de encontrármelo bailando conmigo en la sala. No entendía cómo podía saber que era él sin verlo, pero eso era lo que menos importaba en aquel instante.

No dijo nada. Simplemente me atrajo hacia él sin perder el compás y colocó su barbilla firme sobre mi cabeza. Mi oído estaba otra vez apoyado en su pecho musculoso, como la primera vez que lo conocí y, una vez más, oí las olas del mar en vez del latido del corazón. Observé a hurtadillas los brazos robustos y varoniles que me sostenían y experimenté una arrolladora sensación de bienestar, como si estuviera protegida de cualquier peligro posible.

Me apretó aún más contra él hasta que fuimos una sola persona. Mis pies eran sus pies. Nos dejamos arrastrar lánguidamente y en perfecta sincronía con la dulce tonada de Jim Ma Guire que se desvanecía. No tenía ni idea de cómo adivinaba en cada momento qué pasos dar pero ya sabía por experiencia que era mejor no hacer preguntas. Cuando Joe estaba cerca, cualquier cosa era posible.

—Todo es posible en todo momento —murmuró Joe en mi oído con un susurro aterciopelado— y en ningún momento dejo de estar a tu lado. Sólo que a veces no eres consciente de mi compañía.

No hacía falta que le contestara. De hecho, no hacía falta nada. Me permití fundirme en él y formar una sola cosa con este... este... Ser. Nos deslizamos siguiendo la música y, cuando las últimas e inolvidables notas de saxo quedaron suspendidas en el aire para luego alejarse flotando al finalizar la pieza, mi corazón rebosaba emoción. Sabía que esto iba en contra de las normas pero estaba enamorada de este hombre. Desesperada e irremediablemente enamorada de él.

Joe me guió sin hablar hasta mi sofá afelpado de color crema y nos hundimos en su blando abrazo, con mi cabeza aún apoyada en su hombro fuerte y protector. A mis ojos afloraron las lágrimas, que se derramaron desenfrenadas por mi rostro. Eran lágrimas de una emoción inexpresable; pero no eran tristes, eran lágrimas de dicha. Me apresuré a hundir el rostro en su pecho, turbada por mi falta de dominio y avergonzada de mis emociones incontrolables.

—Lo siento —era todo lo que podía ofrecer como explicación después de aquella reacción infantil.

Unos dedos gráciles acariciaron y exploraron mi cabello y un tierno beso se abrió paso entre mis bucles.

—Nunca te disculpes por ser tal y como eres. Por mostrar lo que de verdad sientes —dijo con el rostro escondido en mi pelo, y sentí el calor de su aliento en el cuero cabelludo.

Santo cielo, ¿cómo había sucedido esto? ¿Cómo podía estar enamorándome de Dios? Debía de ir en contra de algún precepto básico. Pero era asunto mío. Probablemente tendría que hacer frente a un período de tiempo considerable en el infierno por ello, pero no importaba. ¿Cómo era posible que un amor así fuera algo malo?

Me separé un poco y dejé ver mi rostro surcado por las lágrimas:

—Te quiero, Joe —dije en un susurro—. Y eso va en contra de todas las leyes que habíamos acordado —admití llena de congoja.

Joe me estudió en silencio durante un largo momento y luego aquellos insondables ojos castaños se iluminaron con un brillo divertido antes de decirme con perfecto acento de «Chersy»:

—Claro, ¿y qué?

Me quedé atónita. Había esperado un sermón y en su lugar encontraba luz verde para seguir adelante. Empecé a decir algo pero Joe se apresuró a colocar su dedo sobre la pequeña cavidad encima de mi labio para que callara.

—Christine —pronunció con dulzura y ojos brillantes—. ¿No te das cuenta? Es perfectamente lógico que me quieras. Es tu interpretación de ese sentimiento la que está errada. Pero el sentimiento en sí lleva la dirección prevista.

Me quedé mirándole sin expresión. Como era habitual, estaba fuera de juego.

—Creo que tal vez tendrías que ponerme en una clase para alumnos atrasados —dije, exasperada por mi incapacidad para entender las cosas que Joe intentaba enseñarme con tanta paciencia.

La risa de Joe sonó tan fluida como la música de saxofón de fondo.

—Eres tremendamente dura contigo misma, ¿no crees?

—Pero no lo capto, Joe —protesté—. Pensaba que habíamos acordado que no me correspondía albergar ninguna esperanza de ese tipo respecto a ti. Y ahora voy y lo echo todo a perder al permitirme ese amor loco por ti.

Tomó mi rostro entre aquellas manos grandes y delicadas, y con esa insondable mirada caoba suya atrajo mis ojos como si de imanes se tratara. Pensé que quizá por una vez era yo quien oía sus pensamientos pues no veía que sus labios se movieran, en cambio oía su voz tan clara como el graznido de una gaviota cuando el aire sopla en la dirección adecuada.

—No van por ahí los tiros, Christine. Lo que sientes por mí es auténtico. Muy auténtico. Pero le das una designación errónea.

—¿Cuál?

—Amor romántico.

—¿Y qué es en realidad?

—Es amor genuino. Amor en su forma más pura. Esa clase de amor que tan sólo quiere expresarse, que no pide nada a cambio. La clase de amor que has estado buscando a lo largo de toda tu vida.

Tenía razón, cómo no. ¿Es que nunca se equivocaba? Era exactamente el tipo de amor que me había descrito aquel día, mientras comíamos. Ahora me estaba ofreciendo un ejemplo. Estaba claro que no era ningún delito querer a Joe de esa manera. No pedía nada a cambio, aparte de la oportunidad de expresar los sentimientos que él descubría y provocaba en mí. No pasaba nada por amarle de esa forma. De hecho, era lo más natural del mundo si te parabas a pensarlo. Al fin y al cabo, él era yo y yo era él. Nuestras almas estaban entrelazadas y el resultado lógico de esa especial conexión que nos unía era esa clase de amor altruista.

Por una vez en mi vida, experimentaba algo genuino, sin trampa ni cartón. Y lo más increíble era que no había dolor. ¡Qué maravilla! El amor, el amor verdadero, no duele. De repente, me sentí desbordada por mi propia identidad. Me invadió un amor magnánimo por mí misma. No importaba qué aspecto tenía o qué conseguía en la vida, ¡ME QUERÍA A MÍ MISMA! Por primera vez. Por fin.

Dirigí otra vez mi mirada a Joe para compartir aquel descubrimiento fantástico, pero ya no estaba allí. Se había esfumado, supuse. Me levanté del sofá como en trance y, en cierto modo, lo estaba. Las misteriosas idas y venidas de Joe no me inquietaban lo más mínimo. Me acerqué hasta el espejo de la pared y vi que Joe me observaba desde allí. Me reí. Él se rió.

—Por fin me quiero a mí misma, Joe —susurré, rebosante de alegría.

—Lo sé —contestó, orgulloso como un pavo real.

No mucho tiempo después de aquella noche, che, vi una nota en el diario local que anunciaba que Jim Ma Guire tocaba su seductor saxo en uno de los muchos garitos infames que se suceden por toda la costa de Jersey. Aunque la reputación de Nueva Jersey suele salir con cierta frecuencia bastante malparada, nadie en su sano juicio negará que nuestro panorama musical está francamente vivo. Como es de rigor, debemos agradecérselo a Bruce Springsteen.

Y si Springsteen era «el jefe», Jim Ma Guire era «la guinda». La alcorza sobre el pastel. La crème de la crème. Lo máximo, vamos.

Aquella noche, me escabullí temprano del trabajo y pagué una entrada de diez dólares para descubrir quién era el hombre que estaba tras el saxofón y que tanto me intrigaba.

Al principio fue como entrar en una caverna. La sala estaba oscura y humeante, y como mínimo diez grados más fresca que la bochornosa noche estival de afuera. La única fuente de iluminación provenía de un letrero de neón rojo y azul con forma de palmera y de lata de cerveza. Había tres o cuatro letreros iguales colgados de la pared más alejada, que difundían un resplandor espectral sobre los rostros del público despreocupado.

El hecho de llegar a medianoche me recordó mis épocas juveniles, en las que se consideraba hortera dejarse ver en cualquier sitio antes de las doce de la noche. Por algún motivo, aquella noche no desentonaba en absoluto. Antes de conocer a Joe, probablemente me habría arreglado en exceso para una velada como aquélla, pero había que reconocer su valía como maestro. Gracias a su intervención para que me deshiciera de mi vestuario más seductor, cuando me trasladé a la casa de la playa no me quedaba mucho donde elegir, fuera a donde fuese.

Como la mayoría de enfermeras veteranas del turno de 3 a 11, tenía guardadas varias prendas de calle en una mochila metida en mi taquilla del hospital. De hecho, experimentaba un cambio de humor radical cuando me despojaba del uniforme blanco en nuestro mohoso vestuario y me ponía cómodos vaqueros gastados, camiseta blanca y unas zapatillas de baloncesto también blancas. Me lavaba la cara con agua y luego aplicaba sobre mi rostro acariciado por el sol alguna loción confiscada al hospital. Ya apenas utilizaba maquillaje pues mi cara resplandecía con una cálida luminosidad, gracias a las largas caminatas por la playa, y mi mirada reflejaba la satisfacción de un alma en paz. ¿Qué sentido tendría pintar eso?

Con aquel cómodo atuendo y casi sin maquillaje, parecía y me sentía miembro de pleno derecho en la escena musical y su ambiente desenfadado y seudoartístico. Había descubierto que el truco para encajar en un lugar estaba en no pretenderlo. Hice una demostración de mi teoría al pedir una botella de agua mineral. Ya no tenía ninguna necesidad de alterar mi estado mental con alcohol. La vida real era infinitamente más estimulante y excitante.

El agua fría se deslizó por mi garganta, desembocó en mi estómago semivacío y envió un mensaje de bienestar al fax de mi cerebro. Había sido una larga noche de trabajo pero había hecho un hueco para cenar decentemente lejos del caos de los pasillos. Me topé otra vez con Michael Stein por primera vez vez desde aquella fatídica noche de junio.

Algo en mí debía de haber cambiado porque Michael se sentó conmigo y no dejó de hacerme cumplidos sobre lo guapa y relajada que se me veía. Lo más sorprendente de todo fue que, la verdad, no me importaba nada lo que Michael pensara de mi aspecto. Tanto que incluso le pregunté por su esposa y familia con sincero interés. ¡Me había curado! Michael Stein ya no era capaz de hacerme daño. Volvía a ser dueña de mí.

Di otro sorbo de agua mineral y empecé a desprenderme mentalmente del papel de la enfermera en tensión, hiperresponsable, para adoptar el de tranquila y despreocupada amante de la música. Pensé en uno de los mandamientos que Joe me había dado, el de disfrutar de cada momento. Cuánta razón tenía. Nunca antes había sido consciente del placer que hay simplemente en la expectación previa a un acontecimiento y no sólo en el acontecimiento en sí. Antes de conocer a Joe, hubiera estado demasiado impaciente como para saborear los intensos momentos previos al deleite de escuchar la música que más me gustaba. La música que me conmovía en lo más profundo de mi alma y que me hacía sentir como si su creador la hubiera compuesto sólo para mí. Sonreí para mis adentros pensando en toda la satisfacción que Joe había traído a mi vida.

Alguien chocó contra mi hombro y la sacudida me devolvió a la realidad. Me encontré examinando una chaqueta de cuero negro y mi mirada siguió una cremallera plateada que desembocaba en un cuello musculoso del que colgaba una medalla de aspecto curioso. El rostro unido al cuello mostraba una insolente barba de dos días enmarcada en unos rasgos angulosos y una leve insinuación de hoyuelos a ambos lados de una boca delicada. El pelo rebelde, tan negro como la chaqueta y bastante alborotado, le daba un aspecto ligeramene bohemio.

—Me gusta tu sonrisa —dijo, sin el tono postizo habitual de esos locales. Sin él saberlo, había dicho algo que servía para paliar el viejo sofoco que me provocaban mis dientes torcidos. Pese a mi propósito de renunciar al ego, me sonrojé y esbocé una sonrisa aún más amplia.

—Gracias —murmuré sin saber qué otra cosa decir a este hombre de encanto inidentificable. ¿Por qué me parecía tan encantador? Sólo había pronunciado una frase y ya me sentía atraída hacia él de una manera peculiar. ¿Acaso estaba tan desesperada? No lo había pensado. ¿O tal vez me recordaba en algo a Joe? Sí, debía tratarse de eso. Cuanto más le estudiaba más detectaba las similitudes.

—¿En qué estás pensando tan seria? —peguntó antes de dar un buen trago a la botella que tenía en la mano. Para mi sorpresa, me percaté de que estaba bebiendo lo mismo que yo: agua mineral. Poco tiempo atrás lo hubiera tachado despectivamente de saludable, pero lo que entonces me llamaba la atención era ver a un hombre lo bastante seguro como para entrar en un bar y pedir un agua mineral. No pude contener una sonrisa mientras observaba el modo en que se agitaba su nuez de Adán al ingerir aquel saludable trago.

Se quedó mirándome y me devolvió la sonrisa.

—¿Qué es lo que tiene tanta gracia? —preguntó con ganas de reír a su vez.

—No me reía de ti —respondí, rogando para que se me ocurriera algún comentario ingenioso. Luego oí a Joe que me recordaba desde el interior de mi cabeza que fuera yo misma y que renunciara al amor propio—. Sólo estaba pensando en un buen amigo mío —dije—. Y pensar en él siempre me hace sonreír.

—Un tipo con suerte —dijo el desconocido.

—Oh, no. No se trata de eso —me apresuré a recalcar, sin entender bien por qué era tan importante dejarle claro a este recién llegado tan seductor que no estaba comprometida.

—¿Quiere eso decir que has venido sola? —preguntó insinuándose sus ojos marrón oscuro. Bajé la vista con rubor—. No seas tímida —me tomó el pelo.

—De acuerdo —contesté, a punto de romper una de las reglas en la que tanto insistía la prensa femenina para echar el lazo a un hombre: no permitirle nunca descubrir tu verdadera personalidad—. Estoy aquí sola —manifesté con orgullo—. Me encanta la música de Jim Ma Guire y por nada del mundo me la hubiera perdido esta noche.

—Bien hecho —comentó con una mueca—. Tienes un gusto excelente. A mí también me gusta su música. Me pregunto por qué no es más famoso.

—Los grandes de verdad nunca lo son —aclaré con un entusiasmo exagerado. Entonces empecé a parlotear incapaz de detenerme—: Su música provoca algo en mí, ¿sabes? Me derrite el corazón como si fuera mantequilla fundida.

—Oh, eso me gusta —dijo con una sonrisa que hizo que me flaquearan un poco las rodillas.

¿Por qué me sentía de pronto tan atraída por este completo desconocido? No tenía remedio, aunque creía que ya había superado algunas cosas. El completo desconocido, animado por mi charla, me preguntó entonces cómo me llamaba, a la vez que me tendía una mano amplia pero ágil. De pronto me sentí como una colegiala, como un animalillo indefenso.

Deslicé mi mano en la de él y dije:

—Soy Christine —con la esperanza de que mi voz no delatase que me estaba derritiendo por dentro.

—¿Christine qué? —preguntó con tono suave y afectuoso, como se dirigiría un policía grande y amable a un niño asustado. Era irresistible.

—Christine *Moore** —dije ya más recuperada, mientras reparaba en el minúsculo diamante con el que se había perforado el lóbulo de la oreja.

—Bien, Christine —contestó con un brillo travieso en la mirada—, espero poder verte *más* —y diciendo eso se llevó mi mano a sus suaves labios y rozó mis dedos con una insinuación de beso.

Me quedé sin habla durante un momento mien-

---

* *Moore* se pronuncia como *more*: «más». *(N. de la T.)*

tras él se disculpaba y desaparecía entre la multitud antes incluso de que tuviera ocasión de preguntarle el nombre. Maldición, pensé. ¿Por qué los más encantadores son siempre los más escurridizos?

—No es escurridizo —dijo una voz detrás de mí—, sólo está un poco preocupado.

Antes de volverme sabía que encontraría a Joe a mi lado oyendo mis pensamientos, como era habitual.

—¿Preocupado por qué? —le pregunté con tono apremiante—. ¿No valgo lo bastante como para atraer la atención de un hombre más de cinco minutos?

Joe meneó la cabeza.

—Sabes que no es eso, Christine. ¿Por qué aludes automáticamente a alguna carencia tuya como responsable de la conducta caprichosa de otra persona?

—Buena pregunta —tuve que admitir—. ¿Por qué lo hago?

—Dímelo tú —me desafió Joe—. Es hora de que dejes de depender de mí para que conteste a preguntas tan básicas por ti. Confía en tu propio criterio.

Su tono de voz no delataba impaciencia, pero aun así me quedé sorprendida de que se mostrara reacio a darme una respuesta como siempre había hecho desde que le conocía.

—Bueno, probablemente es una mala costumbre

mía —dije yo—. Quiero decir que tienes razón. Sé que por el simple hecho de que una persona que ni siquiera conozco no muestre interés por mí no tengo que suponer que el problema soy yo.

—Continúa —me animó Joe—. ¿Entonces por qué lo haces?

—Vagancia —dije triunfal—. Soy demasiado vaga para dejar un hábito. Es más sencillo culpar de mi infelicidad a un defecto imaginario que darme cuenta de que la gente tiene todo tipo de razones para no querer comprometerse con otra persona, y no hay que darle más vueltas. En ningún modo es un reproche hacia mí.

—Muy bien —aplaudió Joe, mi único fan.

—He tenido que meditar mucho para llegar a esa conclusión —me reí—. No es de extrañar que durante años haya preferido holgazanear.

—Te contaré un secreto —dijo Joe esbozando una sonrisa.

—¿Qué?

—Ese tipo no sólo está interesado en ti: le has dejado completamente fuera de combate.

—Sí, ¿y qué más? No me tomes el pelo —dije enfurruñada—. Supongo que por eso ha salido corriendo.

—A veces eres un caso perdido, Christine. —Joe se rió entre dientes mientras daba un tirón cariñoso a mi cola de caballo—. El hombre se ha largado porque no sabía cómo disimular la atracción que siente por ti.

—Oh, venga ya... —repliqué incrédula—. ¿Y eso cómo lo sabes?

Joe no dijo nada y se limitó a alzar una ceja a la espera de que se encendiera la bombillita en mi cerebro.

—¡Ah, pues claro! —dije, pero sin precipitarme —. ¡Eres Dios, lo sabes todo!

—Me gustaría que dejaras de pensar en mí como Dios —dijo Joe un poco irritado—. Es un término demasiado trasnochado. —Me cogió el vaso de agua mineral de la mano y dio un trago largo y lento—. Mi trabajo contigo está casi concluido, Christine —continuó—, pero no estaré tranquilo hasta asegurarme de que pienses en mí más bien como en una especie de guía. Tu percepción de «Dios» es un poco imprecisa y he decidido hacerte desistir de esa idea. —Me miraba amorosamente y bajó la voz hasta que sólo fue un ronco susurro—. Quiero ser algo más que ese tipo grande del cielo que anota todas tus malas acciones.

Entonces me tocó a mí reírme. Por una vez, no estaba seguro.

—Por supuesto que para mí significas más que eso —le tranquilicé. Curiosamente, aunque notaba que las lágrimas pugnaban por salir, no hice ningún esfuerzo para ahogarlas. Joe era un buen maestro. Estiré el brazo buscando su mano cálida y suave y la sujeté contra mi mejilla—. Me has enseñado tanto, Joe —dije seria—. Y te quiero tanto. Y ahora que he comprendido todo eso de que tú eres yo y yo soy tú, por fin puedo relajarme, mostrarme tal y como soy y quererme a mí misma por ello. Ése es el regalo más dulce que me han hecho en la vida —hablé con lágrimas en los ojos y no me sorprendió en absoluto ver lágrimas también en los ojos de él.

Sin decir palabra, me rodeó con sus fuertes brazos y me besó en la cabeza.

—Has sido una alumna excelente —murmuró—. En especial esta noche.

—Oh, ¿te refieres a todo eso de no culparme a mí misma por todo? —dije distraída.

—No, estoy hablando de la forma en que has reaccionado al tropezar con tu antiguo novio en el trabajo, ¿cómo se llama?

Me aparté de sus brazos y levanté la vista hacia su hermoso rostro.

—¿Michael Stein? ¿Te refieres a él? —pregunté, admirada de haber olvidado tan pronto nuestro encuentro aquella noche en la cafetería del hospital.

—Sí, él —dijo Joe—. Hace seis semanas, estabas hecha polvo porque se había casado con otra. Esta noche te has encontrado con él y ni siquiera te ha inquietado. Su cercanía ya no te hace daño. ¡Eso sí es un paso adelante!

—Sí, imagino que sí —me reí, impresionada ante

un ejemplo tan evidente de mi desarrollo personal.

—Eh, tengo algo para ti —dijo Joe mientras se llevaba la mano al bolsillo de la chaqueta y sacaba una caja envuelta como regalo, de las que se usan para obsequiar joyas.

Incapaz de articular palabra a causa de la expectación incontenible y las emociones contrapuestas que se agolpaban en mi pobre y confusa mente, abrí la caja. Me costaba respirar cuando levanté la tapa para mirar con curiosidad el interior. Allí, en medio de un relleno de algodón, había una pieza de oro con la forma de las tablillas por las que Moisés se había hecho célebre al bajar de la montaña. Leí la larga inscripción que en ellas había:

1. *No levantes muros, pues son peligrosos. Aprende a traspasarlos.*
2. *Vive el momento, pues cada uno es precioso y no debe malgastarse.*
3. *Cuida de tu persona, ante todo y sobre todo.*
4. *Prescinde del amor propio. Muéstrate tal y como eres, dando tu amor pero sin renunciar a ti misma.*
5. *Todo es posible en todo momento.*
6. *Sigue el fluir universal. Cuando alguien da, recibir es un acto de generosidad. Pues en esa entrega, siempre se gana algo.*

—No recuerdo haber discutido este último punto, Joe —dije, aún sin recuperarme de mis emociones desbocadas.

—Lo sé —contestó—. Es por eso por lo que incluyo una explicación. Me he retrasado un poco en el programa contigo. Ése es el último que quedaba por aprender y te va a hacer falta mucha práctica con él. Ya sabes, como eres enfermera y todo eso, sueles dar mucho más de lo que te permites a ti misma recibir.

El hombre me conocía como un libro abierto. Siempre me había encontrado mucho más cómoda dando a la gente, solucionándoles la papeleta y sacándoles de apriesos, en vez de permitir que alguien me diera a mí. Había sido más fácil concentrarme en las necesidades de otra gente, porque temía que si me detenía a examinar las mías propias no acabaría nunca. Ése era el momento de empezar a considerar mis propias necesidades y procurar satisfacerlas de una en una.

Entonces me vino a la cabeza una idea terrible. ¿Era esto el final? ¿Había sido éste un regalo de despedida? No estaba preparada para dejarle marchar. Todavía tenía tanto por aprender; necesitaba tanto de él.

—Nunca se acabará lo que hay entre nosotros, Christine —dijo con ternura, adelantándose a mi pregunta no expresada—. Ahora sabes que soy real y, en cualquier momento que dudes de mi existencia, no tienes más que mirar estas tablillas de oro para saber que todo esto ha sucedido de verdad.

¡Oh no! Era cierto. Estaba despidiéndose. Las lágrimas empezaron a correr por mi rostro cuando la realidad empezó a imponerse.

—Por favor, no te vayas —imploré casi sin fuerzas.

—No tienes que inquietarte por nada —me tranquilizó mientras me enjugaba una lágrima por última vez—. No voy a dejarte con las manos vacías. Hay tantas cosas buenas que van a sucederte que ni siquiera te puedes hacer una idea —me retiró de los ojos un mechón de pelo y lo sujetó detrás de mi oreja—. Sólo tienes que prometerme que siempre estarás receptiva y que nunca volverás a ponerme en duda ni olvidarás este tiempo que hemos estado juntos.

No daba crédito a lo que oía. ¿Cómo podía imaginarse que alguna vez lo olvidaría? En aquel preciso momento, las luces se apagaron momentáneamente y la sala quedó sumida en la oscuridad. Las embriagadoras melodías del saxo de Jim Ma Guire impregnaron el aire al tiempo que una luz azul perfilaba la silueta de un hombre con el pelo un poco largo y rizado que tocaba su instrumento de viento como si fuera parte de él.

Levanté la mirada hacia Joe con un deseo desesperado de grabar con fuego su imagen en mi mente, porque aquélla sería la última vez en mi vida que lo vería.

—¿A quién le toca ahora? —pregunté, intrigada por saber hacia dónde partiría en su esfuerzo por completar la lista de gente en este mundo que necesitaba mandamientos personalizados.

Él sabía a qué me refería y me apretó la mano.

—¿Ves a esa chica de allí? —dijo al tiempo que señalaba a una rubia alta con una minifalda pegada a la piel.

Se me cayó el corazón al suelo.

—¿Tenías que elegir a una tan... tan... tan sexy? —pregunté totalmente abatida.

Joe se rió de mí y yo sabía el motivo.

—También vamos a tener que ocuparnos de su vestuario —dijo con un guiño burlón. Se volvió a mí otra vez y colocó su largo dedo índice en la cavidad de mi labio superior—. Recuerda —murmuró por encima de la hermosa música de saxo que se oía de fondo—. No hables nunca a nadie de esto. Sigue siendo información altamente confidencial.

Luego me besó la punta de la nariz y se alejó con calma en dirección a la afortunada y desprevenida muchacha de minifalda ceñida.

Le seguí con la mirada hasta que no fue más que una figura inidentificable en una sala oscura y abarrotada de gente.

Me apoyé en la barra desamparada.

¿Y ahora qué? ¿Cómo sería la vida sin Joe? Por supuesto, sabía la respuesta. La vida sería todo lo que Joe había prometido que sería siempre que me acordara de vivir según todos sus preceptos.

Levanté la cabeza y me dejé transportar por las maravillosas notas de Jim Ma Guire, decidida a vivir el momento presente y no desaprovechar ninguno de los motivos de alegría que Joe me había enseñado a apreciar.

Y entonces sucedió una cosa curiosa.

La silueta que se hallaba sobre el escenario y que derramaba su corazón a través del saxofón empezó a resultarme familiar. Era familiar. El cuerpo alto, larguirucho, el pelo largo, revuelto y la medalla de plata que descansaba sobre el pecho me desvelaron su identidad. Había estado coqueteando con Jim Ma Guire. ¡Yo! ¡El mismísimo Jim Ma Guire!

Siempre he despreciado a esa clase de mujeres que pierden la cabeza por las estrellas de rock, pero de repente tenía un nuevo punto de vista sobre su conducta. No es que fuera a desmayarme, pero fui incapaz de borrar de mi rostro aquella mirada de total estupefacción.

Jim Ma Guire acabó su actuación de piezas maestras ante una audiencia incondicional de admiradores. La multitud parecía estar animada y electrificada por su interpretación, pero yo me senté pasmada en un taburete de la barra, preguntándome qué sucedería a continuación.

Le observé estrechar manos de fans mientras se abría camino entre la multitud avanzando en dirección a mí.

Tardó toda una vida, pero por fin se detuvo en frente de mí muy sonrojado y alborozado tras la interpretación de su música.

—¿Por qué no me lo has dicho? —pregunté con la impresión de haber hecho un poco el ridículo, al deshacerme en elogios sobre él sin saber quién era. ¿Y qué pasaba si en realidad había dicho algo poco halagador?

—¿Hubiera cambiado algo el que supieras quién era? —me preguntó con una mueca—. Aparte, siempre va bien que te hagan críticas sinceras —añadió antes de que yo pudiera responder a la pregunta.

—Bueno, ¿y qué habría pasado si te hubiera dicho que odio tu música? —dije a la defensiva.

—No era muy probable que te encontraras aquí si fuera ésa tu opinión —respondió con un aire triunfante en su mirada.

—Bien, pues para responder a tu pregunta —continué yo—: No, no hubiera importado tampoco saber quién eras tú. He aprendido a dar siempre respuestas sinceras. La vida resulta mucho más sencilla de esa forma.

Alzó al aire su botella de agua mineral y brindó:

—Por la sinceridad. ¡Qué refrescante! —Dio un trago al frío líquido y me sonrió, lo que me hizo ruborizarme—. Me gusta de veras tu sonrisa —dijo con dulzura—. Hay algo en ti que me impresiona por su autenticidad. Me siento muy atraído por ti.

¡Eso era! Acababa de decir la palabra mágica. Se sentía atraído por mí. Le había atraído, no le había abordado. ¿No era eso lo que Joe intentaba decirme aquel día que comimos juntos? Algo referente a que mi alma clarividente y satisfecha atraería a un hombre comprensivo. Ahora sabía con toda certeza que, de algún modo, Joe permanecería siempre conmigo.

—Oye —estaba diciendo Jim Ma Guire por encima del fuerte ruido—, ¿te apetece venir a dar una vuelta en mi moto? Aún tengo veinte minutos antes de la próxima actuación.

Aquello era demasiado perfecto, sólo que ahora sabía que no había nada «demasiado perfecto». Todo era del modo que le correspondía ser. Jim Ma Guire me ofreció su mano y yo la cogí. Me relajé y permití que me guiara a través de la multitud hasta salir al exterior, a la sofocante noche veraniega. No tuve la sensación de estar haciendo ninguna renuncia, nada de eso. Por el contrario, me sentía bien por permitirme recibir algo que normalmente no admitía. Controlaba la situación; siempre lo había hecho. La diferencia era que había dejado de sentir la necesidad de demostrarlo.

Me coloqué a un lado para ajustarme el casco que Jim me había pasado mientras él ponía en marcha el motor. Sacó la moto del espacio de aparcamiento y me subí con destreza tras él. Le rodeé con mis brazos mientras nuestras cabezas retrocedían con un tirón y nos perdíamos en aquella noche mágica de verano.

La vida se había convertido en una aventura muy apasionante. Eran muchas las cosas que habían cambiado pero, sobre todo, era yo la que había cambiado y eso había sido el catalizador que mi mundo necesitaba.

No se me ocurría otra forma más adecuada de entrar de lleno en mi nueva vida que en el asiento posterior de una Harley y con un hombre que mostraba su alma a través de un saxofón.

Frenamos ante un semáforo y Jim se volvió a mirarme por encima del hombro con una sonrisa. Le devolví la sonrisa y toqué la cadena de plata que asomaba por la parte posterior de su cuello. Tiré de la gruesa medalla de plata de ley para que diera la vuelta hasta la espalda y poder examinarla. La medalla pesaba más de lo que aparentaba y me pareció que irradiaba una sutil calidez cuando la sostuve en la palma de la mano, al resplandor rojo de la luz del semáforo. Lo que descubrí entonces me dejó atónita.

En realidad se trataba de dos medallas, puestas la una sobre la otra y cortadas en forma de láminas, o mejor dicho, de tablillas como las que Joe me había dado al comenzar la noche. Me quedé con la boca abierta, con antelación, frente a lo que ya sabía que iba a encontrar inscrito en ellas.

No me cabía la menor duda de que se trataba de una lista de mandamientos personalizados, ocho en total, grabados en la impecable superficie de plata. Al principio me sentí un poco celosa y estafada —a mí sólo me habían dado seis—, pero después deduje que Jim Ma Guire debería de tener más cosas que aprender que yo, simplemente.

Tengo la extravagante costumbre de empezar los libros por el párrafo final antes de leer el comienzo, así que, automáticamente, los ojos se me fueron al último mandamiento inscrito en la medalla.

8. *Ten paciencia y confía en que la encontrarás, pero sólo cuando ella esté preparada.*

Alcé la vista, atemorizada ante la magnitud de las certezas que me estaban embargando. El semáforo se había puesto verde pero Jim Ma Guire no parecía dirigirse a ningún lugar en ese momento. Volvió la cabeza hacia mí y vi que incluso a la sombra del casco sus ojos brillaban expresando una calidez y una dicha increíbles.

—¿Preparada? —preguntó con dulzura.

—Preparada —susurré, sabiendo que nunca me había sentido tan segura de algo en toda mi vida.

Dios vuelve en una Harley de Joan Brady
se terminó de imprimir en febrero de 2020
en los talleres de
Impresora Tauro, S.A. de C.V.
Av. Año de Juárez 343, col. Granjas San Antonio,
Ciudad de México